Arena-Taschenbuch
Band 1863

Isolde Heyne,
1931 in Tschechien geboren, studierte am Literaturinstitut in Leipzig. 1979 übersiedelte sie aus der damaligen DDR in die Bundesrepublik, wo sie seitdem als freie Schriftstellerin arbeitet. Ihre Bücher wurden mehrfach ausgezeichnet.

Weitere Bücher von Isolde Heyne:
»Tanea – Tochter der Wölfin« (Taschenbuch Band 1875)
»Tanea – Am großen Fluss« (Taschenbuch Band 1876)
»Wenn die Nachtigall verstummt« (Taschenbuch Band 2578)
»Treffpunkt Weltzeituhr« (Taschenbuch Band 1672)
». . . und keiner hat mich gefragt!« (Taschenbuch Band 1511)
»Silbermond«
»Was macht die Maus im Zirkus?« (Edition Bücherbär)
»Nele hat Geburtstag« (Edition Bücherbär)

Isolde Heyne

Der Ferienhund

Arena

In neuer Rechtschreibung

3. Auflage als Arena-Taschenbuch 1998
Lizenzausgabe des Erika Klopp Verlags, Berlin – München
© 1988 by Erika Klopp Verlag GmbH, Berlin – München
Von der Autorin überarbeitete Neuausgabe
Reihenkonzeption: Karl Müller-Bussdorf
Umschlagillustration: Milada Krautmann
Vignetten: Irmtraud Guhe
Gesamtherstellung: Westermann Druck Zwickau GmbH
ISSN 0518-4002
ISBN 3-401-01863-9

Der Ferienhund

Endlich saßen wir im Auto: meine Mama, mein Papa und ich. In den Sommerferien fahren wir immer zu Tante Uschi. Sie wohnt in einem alten Bauernhaus, weit weg von der nächsten Stadt. Freiwillig würde ich nicht auf diesen Urlaub verzichten, nicht einmal, wenn mein Papa sagen würde: »Dieses Jahr fahren wir nach Afrika. Onkel Stefan wird staunen, wenn wir plötzlich bei ihm auftauchen...«

Onkel Stefan ist der Mann von Tante Uschi. Er ist oft monatelang auf Baustellen im Ausland. Jetzt ist er in Afrika. Wäre schon super, ihn dort zu besuchen. Aber nicht in den Sommerferien. Da will ich zu Tante Uschi fahren. Nach Afrika könnten wir ja beispielsweise in den Herbstferien fliegen. Ich habe mir das auf dem Atlas angeschaut. Ganz schön weit ist das ja bis Kenia. Da kann man sich nicht ins Auto setzen und nach fünf Minuten noch mal zurückfahren, weil Mama nicht sicher ist, ob sie den Herd ausgeschaltet und den Haupthahn von der Wasserleitung zugedreht hat. Im Tierlexikon habe ich nachgesehen, welche Tiere dort leben. Ich liebe nämlich Tiere und gehe oft in den Zoo. Aber am liebsten habe ich Hunde. Ganz egal, ob es kleine oder ganz große sind. Nur die Pudel mag ich nicht besonders gern. Mit denen kann man nicht so rumtoben.

Diesmal mussten wir nicht zurückfahren. Papa hatte den Herd und den Wasserhaupthahn selbst kontrolliert. Er war ganz sicher, dass alles in Ordnung ist. Wir fuhren schon über eine Stunde auf der Autobahn. Es war ein ziemlich heißer Tag.

»Mach mal eine Pause!«, sagte Mama. »Dort ist ein schattiger Parkplatz.«

Papa murmelte etwas vor sich hin. Aber ich war auch froh, dass ich mal aussteigen konnte. Meine Beine brauchten Bewegung.

»Das ist wieder so ein Ferienhund!«, schimpfte mein Vater, als wir auf den leeren Parkplatz fuhren.

Ich war gerade damit beschäftigt, aus der Kühltasche eine Limo zu angeln, und wusste im ersten Moment gar nicht, was ihn so wütend machte. Aber dann sah ich es auch: Mitten auf dem Fahrweg stand der Hund.
»Das ist doch der aus dem blauen Auto«, platzte ich heraus. »Ich hab ihn immer gesehen, wenn das Auto uns überholt hat.«
»Blaues Auto?« Meine Mutter lief ein Stück nach vorn, weil der Fahrweg des Parkplatzes eine Biegung machte. »Weit und breit kein blaues Auto«, sagte sie, als sie wieder zurückkam.
Der Hund gefiel mir gleich. Ich liebe Hunde besonders. Aber in unserem Haus darf man keine Tiere halten. Nicht mal einen Wellensittich oder einen Hamster. Dabei hätte Babsi, das ist die Tochter von unserem Hauswirt, so gerne eine Katze. Nicht dran zu denken. Ihr Vater stellt auf Durchgang, wenn sie davon anfängt. Jetzt hat sie ihr Zimmer schon mit mindestens drei Dutzend Stoff- und Plüschtieren voll gestopft und zu jedem Geburtstag und Weihnachten kriegt sie eins dazu. Babsi heult dann jedes Mal, wenn sie wieder so ein lebloses Ungeheuer auspackt.
»Warum ist der so stur?«, habe ich sie mal gefragt.
»Frag mich was Leichteres«, hat sie geantwortet.
Also: Der Hund, der da mutterseelenallein auf dem Parkplatz stand, als wir zu Tante Uschi in den Urlaub fuhren, gefiel mir gleich. Ich hockte mich

neben ihn und streichelte sein Fell. Das ließ er sich gefallen. Er schaute mich an und in dem Augenblick war's bei mir passiert. Liebe auf den ersten Blick würden die Erwachsenen sicher dazu sagen. Diese Hundeaugen!

»Wieso Ferienhund?«, fragte ich meinen Vater, weil ich von dem Hund einfach wegschauen musste. Der Blick war nicht auszuhalten: Blanke Hoffnung!

Papa bückte sich nun auch zu dem Hund herunter. »Dacht ich mir's doch«, schimpfte er. »Ausgesetzt. Einfach ausgesetzt. Weil sie ihn jetzt nicht gebrauchen können. Als Geschenk ist so ein Tier ein schönes Spielzeug, aber wenn die Leute in die Ferien fahren, lassen sie es irgendwo stehen wie einen alten Regenschirm.«

Dass es so etwas gibt, konnte ich mir damals noch nicht vorstellen. Einen Hund aussetzen! Das gab's doch nur in schlechten Krimis.

»Sie haben ihn vielleicht vergessen«, sagte ich.

»Wenn sie es merken, kommen sie zurück und holen ihn. Das kann dauern, bevor sie auf der Autobahn eine Abfahrt finden und wenden können...«

»Siehst du vielleicht ein Hundehalsband?«

Nein, der Hund hatte kein Halsband. Das musste ich zugeben. »Vielleicht haben sie es ihm abgenommen, weil es heute so heiß ist.«

»Vielleicht, vielleicht!« Mein Vater schnaufte wütend. Das macht er nur, wenn er keinen Rat weiß. »Kein Hund, der jemandem gehört, läuft ohne Hundemarke herum!«

»Papa hat Recht«, meinte meine Mutter. »Das passiert in der Ferienzeit häufiger, als man denkt. Da ist so ein Tier dann lästig, weil man im Ausland einen Impfpass braucht, weil in den Hotels oft keine Hunde erlaubt sind oder weil man extra für sie bezahlen muss. So ein armes Tier wird dann oft aus dem Auto geschubst – und man fährt weiter.«

Der Hund schien zu verstehen, dass von ihm die Rede war. Er tat mir Leid. Es musste doch eine mittlere Katastrophe für ihn sein, wenn er mitbekam, dass seine Leute ihn einfach hatten sitzen lassen.

»Armer Hund«, sagte ich. »Wir wissen nicht mal, wie du heißt.«

»Wuff!«, machte der Hund. Es sollte sicherlich ein Bellen sein, aber das fiel eher jämmerlich aus.

Ich wollte ihm helfen. »Er heißt Wuff«, behauptete ich. »Hat er selbst . . .«

Papa lachte mich aus. »Seit wann verstehst du denn die Hundesprache?«

Ich wollte mich gerade verteidigen, da fragte mein Vater weiter: »Blaues Auto? Hast du schon gesagt, Jan, nicht wahr? Weißt du noch, was das für eine Automarke war und vielleicht das Kennzeichen? So was merkst du dir doch oft. Oder?«

Ich überlegte blitzschnell: Warum sollte ich eigentlich zugeben, dass ich es wusste? Klar hatte ich die

Automarke im Kopf, weil uns der Typ dauernd überholt hat mit seinem Opel. Dabei hatte ich den Hund immer auf dem Rücksitz gesehen. Dem Kennzeichen nach war der Wagen ganz aus unserer Nähe. Auch den Mann hatte ich genau gesehen und die Frau neben ihm. Papa hätte das alles auch bemerken müssen, wenn er nicht wütend auf den Fahrer gewesen wäre, der dauernd überholte und dem dann immer nach ein paar Kilometern die Puste ausging. Unkontinuierliches Fahren, nannte er das, und Nicht-voraus-denken-Können. Ich machte mir aber jetzt so meine Gedanken darüber. Vielleicht wollte der Mann mit seiner Frau auch nur einen leeren Parkplatz finden und nicht erkannt werden.

So schnell, wie mir in dieser Minute die Gedanken durch den Kopf sausten, kann man das nachträglich gar nicht denken. Ich beschloss nicht zu sagen, dass es ein blauer Opel gewesen war und dass ich mir das Kennzeichen gemerkt hatte. Zahlen merken, das ist echt meine Stärke.

Meine nächste Blitzschnellüberlegung war, dass wir den Hund ja nicht einfach hier auf dem Parkplatz sitzen lassen konnten. Wir hatten drei Wochen Urlaub bei Tante Uschi vor uns – das war doch die Chance! Drei Wochen Urlaub mit Wuff!

»Nein, Papa«, sagte ich. »Ich habe nur gesehen, dass es ein blaues Auto war. Glaube ich.«

Ich musste mich noch weiter zu dem Hund runterbeugen, damit mein Vater nicht bemerkte, dass mein Gesicht immer röter wurde. Winnetou, sagt er immer, wenn er so einen roten Schwindelkopf bei mir feststellt. Schwindeln kann ich nämlich nur äußerst mittelmäßig.

»Und was machen wir jetzt?«, fragte meine Mutter. Inzwischen waren noch zwei andere Autos auf den kleinen Parkplatz gefahren. »Wenn wir den Hund hier stehen lassen, denken die Leute noch, es ist unser Hund, den wir aussetzen.«

»Nehmen wir ihn eben vorläufig mit«, sagte ich. Mein Herz klopfte wie ein Hammer, als ich den Vorschlag machte. »Bei Tante Uschi kommt es doch gar nicht drauf an, ob ein Tier mehr oder weniger herumläuft.«

Mein Vater bekam den Unmöglich-Blick. Aber ich wurde unverhofft durch meine Mutter unterstützt.

»Jan hat Recht«, meinte sie. »Soll der arme Kerl noch ein bisschen seine Freiheit genießen, bevor er ins Tierheim muss. Darauf läuft doch die ganze Sache hinaus, wie ich das so sehe. Oder? Uschi hat bestimmt nichts dagegen.«

Wenn Mama so bestimmt redete, konnte auch mein Vater mit seinem Unmöglich-Blick nichts ausrichten. Ich hätte am liebsten laut gebrüllt vor Freude und ich musste mich sehr anstrengen die Freude nicht zu zeigen. Ich tat nach außen hin eher gleichgültig, cool würde Mathias meine Haltung nennen. Ich war ganz stolz auf mich, dass ich mich so beherrschen konnte.

»Komm, Wuff!«, sagte ich. »Steig ein, bevor sich's Papa noch anders überlegt.«
Aber wir warteten noch eine Weile, weil mein Vater ganz sicher sein wollte, dass der Mann mit dem blauen Auto nicht doch noch umkehrte. Das waren vielleicht Minuten! Die zogen sich länger hin als die Angst vor einer Mathearbeit oder sonst was Gefährlichem.
Mir blieb fast die Luft weg, als ein blaues Auto auf den Parkplatz einbog. Es war Gott sei Dank eine teure Automarke. Mein Wuff sah bestimmt nicht nach einem Nobelauto aus.
»War er das?«, fragte mich mein Vater der Ordnung halber.
»Nein. Das Auto war blauer. Und nicht metallic gespritzt.«
Mir war ganz schlecht, als ich das aus mir rausquetschte, weil ich schon wieder eine besondere Einzelheit hatte preisgeben müssen. Wenn Papa so weitermachte, wusste er bald die Automarke und das Kennzeichen.
»Fahren wir also«, sagte meine Mutter. Sie war meine Rettung.

Wenig später waren wir wieder auf der Autobahn. Ich beobachtete angestrengt den Verkehr auf der Gegenfahrbahn, soweit er nicht durch Büsche verdeckt war. Jeder blaue Opel jagte mir einen Schreck ein. Aber dann beruhigte ich mich langsam, weil ja kein Auto plötzlich umdrehen und uns

hinterherfahren konnte. Außerdem – woher sollte der Mann wissen, dass wir den Hund mitgenommen hatten.
Ich drückte Wuff noch ein bisschen tiefer auf den Sitz, er lag ganz ruhig. Und wieder schaute er mich so an, dass mir ganz flau in der Magengegend wurde. Guck nicht so!, hätte ich am liebsten gesagt. Ich kann mir sowieso nicht vorstellen, wie das nach den drei Ferienwochen ohne dich sein wird.
Meine Angst ließ nach. Jetzt holte uns kein Hundebesitzer mehr ein, der es bereut hatte, seinen Hund ausgesetzt zu haben. Wuff gehörte mir. Wenigstens drei Wochen lang.
Wenn ich die Augen zukniff, konnte ich immer noch das Autokennzeichen sehen. Das ging nicht wegzuwischen. Ich stellte mir andere Autonummern vor. Es funktionierte einfach nicht.
Wuff hatte mich sicher wieder erkannt, weil ich ihm immer zugewinkt hatte, wenn der blaue Opel uns überholte. Ob Wuff auch seine Besitzer sofort wieder erkennen würde? Die waren es gar nicht wert, einen Hund zu haben. Dein Herrchen hat dich einfach sitzen lassen, Wuff, dachte ich. Hoffentlich tut dir das nicht gar zu sehr weh. Vergiss sie, schnell!
Ich streichelte dem Hund immer wieder das Fell und der ließ sich das gefallen, ohne einen Mucks von sich zu geben.
Meine Eltern diskutierten immer noch über den Vorfall. Sie konnten sich einfach nicht beruhigen.

Aber ich hörte nicht mehr hin. Was ich wissen wollte, hatte ich erfahren. Nach dem Urlaub bei Tante Uschi wollte Mama im Tierheim anrufen.
Nach dem Urlaub! Also drei Wochen Ferien und einen fast eigenen Hund. Das würden wunderbare Wochen werden!
Aber nachher? Wieder versuchte ich das Autokennzeichen aus meinen Gedanken zu verbannen. Was ich auch versuchte, es gelang mir nicht, die Ziffern und Buchstaben zu vergessen.
Ich wusste es, als Einziger. Aber ich schwor mir es nicht zu verraten. Und nicht mal Herr Manthey wird sagen dürfen: »Den setzen Sie mal wieder auf die Straße, Herr Dotzinger.« Papa wird seinen Unmöglich-Blick aufsetzen und sagen: »Das Tierheim ist hoffnungslos überfüllt, Herr Manthey.«
Ich nahm mir vor Wuff immer sehr weit von unserer Wohnung entfernt auszuführen, damit er sich richtig austoben konnte und in der Wohnung nicht etwa Krach machte. Aber ich ahnte schon damals, dass es Probleme geben würde. Trotzdem versprach ich dem Hund: »Ich werde um dich kämpfen. Ehrenwort.«

Tante Uschi wunderte sich gar nicht darüber, dass wir mit einem Hund ankamen. Als sie erfuhr, was es mit Wuff auf sich hatte, war sie voller Mitleid. Sie schimpfte: »Was sich manche Leute denken! So ein Tier ist doch total hilflos, wenn sich niemand drum kümmert. Es war richtig, dass ihr den Hund mitgebracht habt.«

Mir fiel ein Stein vom Herzen. Wuff bekam erst mal Wasser, damit er seinen Durst löschen konnte, denn wir hatten unterwegs nur Limo in der Kühltasche gehabt. Die Blechschüssel war im Nu leer.

Tante Uschis Dackel Ferdinand blieb abwartend, wie sich die Sache weiterentwickelte. Ferdi ist alt, mindestens zehn Jahre. Ich kenne ihn schon, seit ich ganz klein war, und ich bin fast elf.

Als Wuff seinen großen Durst gestillt hatte, ging er von der Schüssel weg und legte sich vor meine Füße. Seine Augen glänzten, wenn er zu mir hochschaute.

Ich hatte mich auf die Bank unter der großen Kastanie gesetzt und fühlte mich prächtig. Es war, als müsste ich immer hier sitzen bleiben. Wuff zu meinen Füßen, den Schatten der Kastanie über mir und die schöne Landschaft um mich. Warum konnte es nicht immer so sein?

Ich musste lachen, als ich sah, wie Ferdinand die Wasserschüssel beschnupperte, aus der Wuff getrunken hatte. Immer wieder schaute er zu mir hin, bis ich endlich sagte: »Na, komm her, Ferdi! Willst

du mich nicht ordentlich begrüßen wie in jedem Jahr?«
Auf diese Aufforderung hatte Ferdinand nur gewartet. Er hätte mich beinahe von der Bank geschubst, als er heraufsprang. Wuff wich erschrocken zur Seite. Ferdi nutzte den günstigen Augenblick und sicherte sich den Platz neben mir auf der Bank. Ich beruhigte ihn: »Ist ja gut, Ferdi. Wuff nimmt dir deinen Platz nicht weg.«
Wuffs Augen gingen von mir zu Ferdi und immer wieder zu mir. Was wird nun aus mir, sollte das sicher heißen. Er fiepte aufgeregt, traute sich aber nicht zu bellen. Ich ließ ihn eine Weile zappeln. Das gehört zur Erziehung, dachte ich. Wuff muss merken, dass er nicht eifersüchtig sein darf. Ich streichelte Ferdis Fell.
Aber ich durfte dabei nicht zu Wuff hinschauen. Die Augen! Das war ja nicht zu ertragen! »Na, komm schon!«, sagte ich und zeigte auf die andere Seite der Bank. Platz war genug für uns drei.
Mit einem Satz war Wuff neben mir. »Na also!«, sagte ich. »Warum sollen sich denn zwei so prima Hunde wie ihr nicht vertragen?« Die beiden legten ihre Köpfe auf meine Knie. Erst der Dackel Ferdinand, dann Wuff. Sie beschnupperten sich ein bisschen misstrauisch, aber das störte mich nicht im Geringsten. Ich malte mir unterdessen schon aus, was das für prima Ferien werden mussten. Mit den beiden Hunden konnte man so vieles unternehmen. Ich träumte das ganze Jahr über davon, ein-

fach so durch die Gegend zu streifen, wenn keine Hausaufgaben den schönen Nachmittag verderben, oder einfach so auf der Wiese zu liegen und den Wolken nachzuschauen, wenn sie über den Himmel ziehen.

Wir fahren nämlich jedes Jahr zu Tante Uschi. Die hat ein großes altes Haus geerbt, das keiner in der Familie haben wollte. Aber alle fahren zu ihr in der Urlaubszeit, weil das einfach Urlaubsgegend ist. Mindestens dreißig Kilometer bis zur nächsten Stadt, kein Supermarkt im Dorf, nicht mal der Bus fährt durch.

Tante Uschi hat die Landwirtschaft verpachtet und nur das Haus behalten. Darin ist Platz für mindestens drei Familien. Aber meistens ist Tante Uschi allein, weil Onkel Stefan im Ausland auf Montage ist. Sie hat deshalb immer gern Besuch. Und ich bin noch dazu ihr Patenkind. Mir hat sie noch nie einen erfüllbaren Wunsch abgeschlagen. Ich hatte plötzlich den Gedanken Tante Uschi zu bitten, dass sie Wuff behält, wenn die Ferien um waren.

Aber ganz gefiel mir die Lösung nicht, weil Wuff dann zum Ferienhund wurde. Nein, das war noch keine gute Lösung, da musste mir schon noch was Besseres einfallen.

Am liebsten wäre mir gewesen, niemand hätte mehr davon geredet. Aber noch beim Abendessen wurde das Ereignis mit dem ausgesetzten Hund ausgiebig diskutiert. Das musste Wuff doch direkt peinlich sein, wenn er merkte, dass dauernd über ihn gesprochen wurde.

»Wenn ich mir wenigstens die Autonummer gemerkt hätte«, sagte mein Vater. »Ich habe mich noch geärgert, weil der Mensch mich dauernd bedrängte und ich ihn dann spätestens nach drei Kilometern wieder einholte. Ja, jetzt weiss ich es wieder genau: Es war ein blauer Opel. Und den Hund habe ich auch gesehen.«

Meine Mutter spielte wieder den rettenden Engel. »Das bildest du dir jetzt ein, weil Jan was von einem blauen Auto gesagt hat. War es ein Opel, Jan?«

Ich würgte an meinem Bissen herum und hätte mich beinahe verschluckt. »Weiß nicht«, sagte ich. »Na, siehst du. Nicht mal der Junge weiß es. Und der merkt sich doch alles genau, was mit Autos zu tun hat. Wenn wir wieder zu Hause sind, bringen wir den Hund ins Tierheim, und damit wir nichts falsch machen, können wir ja den Fund noch bei der Polizei melden. Oder?«

»Fund! Warum nennst du es nicht beim richtigen Namen? Sie haben das Tier einfach ausgesetzt, so ist das doch . . .« Mein Vater redete sich wieder in Wut. Ich muss ihn ablenken, auch deshalb, damit keiner auf den Gedanken kommen könnte, ich wüsste mehr, als ich zugeben wollte.

»Ich kann Wuff ja im Tierheim besuchen und ihn spazieren führen«, sagte ich. Ich war gut bei meiner Schauspielerei.

»Das mach mal«, sagte Tante Uschi. »Der Hund wird sich hier an dich gewöhnen. Er würde dich vermissen, wenn du plötzlich nicht mehr da bist. Wenn du ihn manchmal besuchst, fällt ihm das Eingewöhnen nicht so schwer.«
Ich stellte mir so ein Tierheim schrecklich vor. »Muss Wuff dann immer in so einem engen Käfig sitzen?«, fragte ich.
Tante Uschi wollte mich beruhigen. »Vielleicht holt ihn jemand, der gern einen Hund haben möchte.«
Was dann alles so geredet wurde, weiß ich nicht mehr. Ich hatte ein ganz anderes Problem. Ich wollte, dass Wuff neben meinem Bett schlafen durfte. Davon würde meine Mutter nicht begeistert sein, das ahnte ich schon. Aber diesmal musste ich mich durchsetzen. Keine Minute wollte ich mich von Wuff trennen. Drei Wochen – wie schnell waren die um!
Wuff hatte sich wieder zu meinen Füßen ausgestreckt. Ich schaute ihn immer wieder an. Wuff ist ein Mischling, aber fragt mich nicht, was für einer. Er hat braunes Fell, an manchen Stellen ist es fast schwarz, aber am Bauch ziemlich hellbraun. Manchmal hat er ein bisschen was Tapsiges an sich, aber wenn er will, kann er sehr schnell sein. Die Schlappohren sind nicht gerade edel, mir gefallen sie trotzdem. Die Augen – die sind seine Stärke. Da kann keiner widerstehen. Nur Herr Manthey. Aber das ist wieder eine ganz andere

Geschichte, die werde ich auch noch erzählen, weil sie dazugehört. Vielleicht.

Der Abendbrottisch war unter der Kastanie gedeckt worden. Tante Uschi räumte das Geschirr auf ein Tablett. »Hoffentlich haben wir noch recht lange so schönes Wetter«, sagte sie. »Da kann sich Jan mal so richtig austoben. Bei euch in der Stadt muss er ja immer in der Stube rumsitzen.«

»Immer nicht«, sagte ich schnell, weil ich Mama nicht verärgern wollte. Das ist nämlich ihr wunder Punkt. Sie hört nicht gern, wenn jemand mich bedauert. »Ich fahre viel mit Mathias in der Gegend rum. Mit dem Fahrrad.«

»Das kannst du hier auch machen«, bot mir Tante Uschi an. »In der Scheune stehen unsere Fahrräder. Dein Vater macht dir den Sattel einfach tiefer, dann geht's. Hilfst du mir mal mit dem Geschirr?«

Das war ein Wink mit dem Zaunpfahl, wie man so schön sagt. Ich hatte die ganze Zeit darauf gewartet, mit Tante Uschi allein reden zu können. Ich brauchte ihre Hilfe wegen Wuffs Schlafplatz.

»Erlaubst du das?«, fragte ich sie, als wir allein in der Küche waren.

»Wenn deine Eltern nichts dagegen haben, ich erlaube es dir.«

Ich atmete auf. Tante Uschi war auf meiner Seite. Was sollte da noch schief gehen?

An diesem Abend brauchte mich keiner ins Bett zu schicken. Tante Uschi zwinkerte mir zu. Ich bin sicher, sie hat Mama was gesagt, aber die tat, als merke sie nicht, dass Wuff mit mir die Treppen hinaufging. »Waschen nicht vergessen!«, rief sie mir noch nach. Das war alles.

Ich breitete eine alte Decke auf dem Fußboden neben meinem Bett aus. Wuff legte sich auf die Decke, als habe er in seinem ganzen Leben nirgends anders als neben mir auf dem Fußboden geschlafen.

Als ich schon unter der Bettdecke lag, stupste mich Wuff an und schaute zur Tür. Hatte er etwa Mamas »Waschen nicht vergessen!« gehört? Ich seufzte und ging noch mal ins Bad. Als ich in die Kammer zurückkam, legte sich Wuff zufrieden auf seine Decke.

»Bist toll in Ordnung, Wuff«, sagte ich. »Dich lasse ich nicht im Stich. Nie.«

Die Sache mit Wuff verfolgte mich bis in den Traum. Immer wieder tauchte das blaue Auto mit dem Nummernschild auf. Es fuhr mit dem Auto meines Vaters um die Wette. Ich bekam schreckliche Angst, dass sich die Fahrzeuge bei der Raserei überschlagen könnten. Im blauen Auto bellte Wuff. Ganz laut bellte er.

Ich klammerte mich an der Rücklehne fest und dachte: Das ist doch glatter Irrsinn, sich auf so eine Wettfahrt einzulassen. Halt an, Papa! Halt an!

Ich muss mir die Autonummer merken, sagte mein Vater. Solche Raserei muss bestraft werden.

Plötzlich war das blaue Auto verschwunden. Mein Vater bremste so plötzlich, dass die Reifen quietschten. Das tut er sonst nie. Dann fuhr er auf der Autobahn ein Stück rückwärts, tut er doch im Leben nicht! Er kennt doch die Verkehrsregeln!

Wir kamen auf einen Parkplatz und mein Vater schimpfte: Dem werde ich was erzählen und die Autonummer schreibe ich mir auch auf. Aber das blaue Auto raste schon davon, noch bevor mein Vater wieder Gas geben konnte. Ich sah nur, wie der Hund im hohen Bogen aus dem Auto geworfen wurde.

Wieder bremste mein Vater so scharf, dass die Bremsen aufkreischten. Er sprang aus dem Auto und schnappte sich Wuff. Dann hielt er ihn am Nacken gepackt hoch, wie man einen Hasen hält. Na also, sagte er. Die Autonummer steht doch auf dem Fell. Mit weißer Farbe, ganz deutlich ...

Ihr könnt mir glauben, dass ich schwitzte, als ich aus diesem Alptraum erwachte. Der Schrecken saß mir noch richtig in den Knochen.

Es war schon hell, aber sicher noch sehr früh. Ich konnte nicht auf die Armbanduhr sehen, die hatte ich am Abend vorher im Bad liegen gelassen. Wuff schlief noch. Ich bewegte mich kaum, weil ich ihn nicht wecken wollte. Fehlte gerade noch, dass er bellte und alle aufweckte. Das musste ich ihm erst noch beibringen, dass er nicht einfach bellen durfte, wann es ihm Spaß machte.
Mir wurde es zu warm und ich musste einfach ein Bein aus dem Bett strecken, weil es kribbelte. Sofort war Wuff wach. Ich hielt ihm die Schnauze zu.
»Still, Wuff! Sei bloß still!«
Er verstand mich sofort. Er verstand überhaupt alles ziemlich schnell. Keinen Laut gab er von sich. Aber er stand auf und legte die Vorderpfoten auf die Bettkante.
So nahe hatte ich seine Augen noch nie gesehen. Ich weiß gar nicht, was mit mir plötzlich los war, ich bekam ein Gefühl, als müsste ich einen Kloß runterschlucken.
»Wenn ich dich behalten dürfte«, sagte ich zu dem Hund. »Ich würde wer weiß was dafür hergeben.«
Ich legte mich wieder auf mein Kissen zurück, weil ich mir in Ruhe ausdenken wollte, wie man das hinkriegen könnte.
Herr Manthey würde erst mal gar nicht merken,

dass im zweiten Stock ein Hund war. Babsi, ja, die würde ich einweihen, die konnte mir helfen, falls ihr Vater doch mal einen Laut hören würde. Und Wuff musste lernen sich mucksmäuschenstill zu verhalten. Auch wenn er allein in der Wohnung war. Die Eltern mussten ja zur Arbeit und ich zur Schule.

Mittags fahre ich dann ganz schnell mit dem Fahrrad nach Hause und hole Wuff zu einem langen Spaziergang, malte ich mir aus. Mittags ist Herr Manthey nie zu Hause, der kommt erst gegen halb fünf. Bis dahin kann ich mit Wuff spazieren gehen. Und die Hausaufgaben mache ich einfach bei Mathias. Das merkt Mama nicht. Hauptsache, es ist abends alles fertig.

Ich machte vielleicht Pläne! Alles schien ganz einfach zu sein. Man musste nur genügend Ideen haben.

Als es mir im Bett doch zu langweilig wurde, stand ich auf und setzte mich aufs Fensterbrett. Auf dem Hof war noch alles ruhig. Als die Kirchturmuhr schlug, zählte ich mit. Es war erst fünf Uhr. Vor acht kamen meine Eltern bestimmt nicht aus den Federn. Ich sonst auch nicht.

Wuff sprang auf einen Stuhl, der neben dem Bett stand, und schaute mit mir aus dem Fenster. Das hätte ewig so bleiben können. Mit Wuff konnte man einfach alles machen. Zum Beispiel Laute raten.

»Was ist das, Wuff? Wiehert da ein Pferd? Und

das? Sind das die Tauben? Hörst du, das war bestimmt eine Milchkanne...«
Tante Uschis Haus steht außerhalb des Dorfes und so konnte ich die einzelnen Geräusche vom Dorf her nicht genau auseinander halten. Auch deshalb nicht, weil es nach und nach immer mehr wurden. Hinter dem Haus ist eine große Wiese und ganz am Ende der Wiese fließt ein kleiner Bach. Mein Vater angelt sogar manchmal dort. Viel hat er noch nicht gefangen, aber er sagt, es beruhigt ihn. Ich konnte von meinem Fenster aus sogar die Weiden sehen und freute mich schon auf den Bach.
»Mal sehen, ob du wasserscheu bist«, sagte ich zu Wuff.
Ich stellte mir vor, wie Wuff am Bachrand entlanglaufen würde, sich aber nicht ins Wasser traute. Oder doch? Am liebsten hätte ich das sofort ausprobiert. Ferdi ging nicht gern ins Wasser. Einmal hatte ich ihn einfach in den Bach geschmissen. Danach machte er drei Tage lang einen großen Bogen um mich.
Ich war überzeugt davon, dass Wuff nicht wasserscheu sein würde. Schon um Ferdi zu beweisen, dass er ein tapferer Hund war...
»Guten Morgen, ihr zwei Frühaufsteher!« Tante Uschi stand mitten auf dem Hof. »Kommt runter, Jan. Es wird ein schöner Tag heute.«
Das ließ ich mir nicht zweimal sagen. Ich war davon überzeugt, dass es ein schöner Tag werden würde.

Natürlich vergingen die Ferien viel zu schnell. Ein Tag war schöner als der andere. In der letzten Ferienwoche wurden meine Hoffnungen, Wuff für immer behalten zu dürfen, riesengroß. Es war wieder sehr heiß geworden. Meine Mutter verträgt die Hitze überhaupt nicht. Sie hatte sich im Schlafzimmer verkrochen und die Fensterläden zugeklappt. Ich lag in der Hängematte unter den Obstbäumen. Dort war es schön schattig und die Hitze machte mir nicht das Geringste aus. Außerdem konnte ich mich ja abkühlen, sooft ich wollte. Der Bach war nicht weit.
Wuff lag unter dem Baum im Schatten. Er döste vor sich hin.
Mein Vater, Tante Uschi und Ferdinand waren gleich nach dem Mittagessen in die Stadt gefahren. Die Farbe war alle geworden, mit der sie die Wohnstube und den Flur angestrichen hatten. Jetzt sollte noch die Küche drankommen.
Ich hatte mir die Mittagspause ehrlich verdient. Aber es hat mir auch Spaß gemacht, mitzumalern. Tante Uschi hat nicht an mir herumgemeckert wie Mama. Sie hat nur gelacht, wenn ich mich mit Farbe bekleckst habe. Noch mehr hat sie gelacht, als Wuff eine weiße Schnauze bekam, weil er mitmachen wollte, wenn ich die Malerbürste in den Farbeimer tauchte. Er dachte, ich spiele mit ihm.
Schön war das einfach, so in der Hängematte zu liegen und mit den Beinen zu baumeln. Ich mache das gern mal, so an nichts Bestimmtes zu denken.

Warum soll man auch immer irgendein Problem im Kopf haben?

Plötzlich hob Wuff den Kopf und witterte in Richtung Haus. Dann sprang er auf und lief unruhig hin und her.

»Sitz, Wuff!«, befahl ich. Fehlte gerade noch, dass er Mamas Mittagsschlaf störte.

Aber Wuff benahm sich eigenartig. Er setzte sich zwar wieder hin, doch die Unruhe war ihm deutlich anzusehen. Immer wieder schaute er zum Haus hin, dann zu mir und immer wieder sprang er auf und setzte sich widerwillig, wenn ich ihm einen strafenden Blick zuwarf. Dann aber war er durch nichts mehr zu halten. Laut bellend lief er in großen Sätzen auf das Haus zu.

»Wuff! Hierher! Zurück!«

Ich rannte hinterher. Jetzt ist es passiert, dachte ich. Das vergisst Mama nie!

Als ich Wuff endlich eingeholt hatte, saß er laut bellend vor der Küchentür. Ich war außer Atem und wütend packte ich ihn am Fell. Oben an der Treppe stand meine Mutter im Nachthemd.

Wuff riss sich los und sprang gegen die Küchentür. Da bemerkte ich auch, was der Hund schon vom Garten her gerochen hatte. In der Küche qualmte es!

Ich riss die Küchentür auf und schrie: »Mama! Es brennt! Schnell!«

Meine Mutter warf die Küchentür wieder zu und rief: »Die Sicherungen raus. Alle, hörst du!«

Ich wusste natürlich, wo sich im Flur der Sicherungskasten befand. Wie verrückt drehte ich, bis ich die uralten Dinger endlich alle raushatte. Bei uns zu Hause ist das viel einfacher, da braucht man nur die Schalter nach unten zu drücken. Mir fielen vor Aufregung ein paar Sicherungen runter und die gingen natürlich zu Bruch.
»Bist du so weit?«, rief Mama von draußen. »Dann komm raus. Beeil dich, Jan!«
Meine Mutter stand im Nachthemd auf dem Hof und hatte den Gartenschlauch in der Hand. Das sah komisch aus. Wenn ich den Fotoapparat dabeigehabt hätte, wäre das bestimmt ein tolles Bild geworden. Sie stieß mit dem Schlauchansatz eine Scheibe vom Küchenfenster ein und spritzte Wasser in die Küche. Das qualmte vielleicht!
»Soll ich die Feuerwehr rufen?«, schrie ich.
Mama hörte nicht auf mich, sondern spritzte weiter. Ich war so aufgeregt, dass ich gar nicht merkte, wie Papa und Tante Uschi auf den Hof fuhren. Wir hatten das alles dann bald unter Kontrolle.

Die Feuerwehr musste nicht gerufen werden. Aber die Küche war nun wirklich für einen neuen Anstrich reif.

»Diese alten Leitungen«, stöhnte Tante Uschi. Papa hatte nämlich herausgefunden, dass eine Stromleitung durchgeschmort war.

»Stefan wollte schon im letzten Sommer neue Leitungen legen«, sagte Tante Uschi. »Jetzt lässt es sich nicht mehr aufschieben. Das kann ich den Mietern nicht zumuten. Ich bestelle den Elektriker.«

In diesem Chaos achtete ich natürlich nicht auf jedes Wort, das gesagt wurde. Das war ein Fehler, wie sich später herausstellte. Ich war deshalb nicht auf den Schlag vorbereitet.

Ich war empört, weil Wuffs Heldentat nicht genügend gewürdigt wurde. »Wuff hat es als Erster bemerkt«, betonte ich. »Er hat geschnuppert, dann ist er losgerannt.«

»Tiere merken das eher«, meinte Tante Uschi. Sie sah sehr erschöpft aus und war überall mit Asche und Ruß beschmiert. »Ferdi hätte den Schwelbrand auch gemeldet, wenn er hier gewesen wäre.«

»War er aber nicht«, sagte ich böse. »Wuff ist ein ganz prima Aufpasserhund. Wenn er nicht gewesen wäre, gäbe es vielleicht kein Haus mehr.« Und keine Mama, setzte ich in Gedanken hinzu. Mir wurde ganz schlecht, als ich das dachte.

»Ist schon gut«, tröstete mich Tante Uschi. »So ein

Hund wie Wuff ist Gold wert. Er kriegt heute Abend eine große Wurst. Zufrieden?«
Ich hatte genug von dieser Rederei. Als ob es mit einer Wurst getan wäre! So eine Tat verdiente eine ganz andere Belohnung. Und dass man einen Hund, der ein ganzes Haus vor dem Abbrennen bewahrt hatte, nicht in ein Tierheim stecken konnte, das war doch wohl klar!
Aber wie sollte ich das meinen Eltern beibringen? Wuff hatte Tante Uschis Haus gerettet, also müsste er hier bleiben dürfen. Wenigstens vorläufig. Und ich konnte dann in Ruhe Herrn Manthey bearbeiten.
Während des Aufräumtrubels machte ich mich erst mal aus dem Staub. Es war nicht der richtige Augenblick. Später musste ich die günstige Gelegenheit nutzen und über Wuffs Zukunft reden.
Ich überlegte: Wenn wir ihn mit nach Hause nehmen, muss er ins Tierheim. Oder mein Vater fragt mich so lange aus, bis ich ihm doch die Autonummer verrate. Ich kann nicht gut schwindeln. Er hat so eine Art mich auszufragen, da sage ich, was er wissen will, ohne es zu merken.
Es war zum Verzweifeln, immer wieder grübelte ich darüber nach, ob die Leute den Hund nicht doch nur vergessen haben könnten. Vielleicht sind sie zurückgekommen auf den Parkplatz und wir waren schon weg. Man kann ja nicht wenden auf der Autobahn. Vielleicht sind sie nun sehr traurig, dass sie ihren Hund verloren haben?

Ich weiß als Einziger, wem er gehört. Aber ich werde es nicht sagen, sonst gibt es überhaupt keine Chance, dass ich ihn behalten darf.

Ich bekam richtig Kopfschmerzen vom vielen Nachdenken. Könnt ihr mir glauben. Wenn ich wenigstens jemanden gehabt hätte, mit dem ich reden konnte, Mathias oder Babsi. Die würden mich nicht verraten.

Ich holte das Fahrrad aus der Scheune und pfiff Wuff. Der war sofort bereit mit mir loszuziehen. Das hatten wir jeden Tag gemacht. Und heute wollte ich einen besonders langen Spaziergang mit meinem Hund machen. Jawohl, mit meinem Hund.

Irgendwie war ich an diesem Abend in Hochstimmung und auf den Tiefschlag in keiner Weise vorbereitet. Er kam ohne Vorwarnung.

Mein Vater sagte: »Bloß gut, dass das mit den defekten Leitungen passiert ist, bevor du das Haus vermietest.«

»Vermietest?« Ich dachte an einen Hörfehler. »Wieso vermieten?«

Jetzt mischte sich Mama ein.

»Wir wollten dir den Urlaub nicht vermiesen, Jan. Deshalb solltest du es erst am letzten Tag erfahren. Tante Uschi geht mit Onkel Stefan für drei Jahre ins Ausland. Für diese Zeit vermietet sie das Haus an...«

»Und wir? Wo sollen wir Urlaub machen?« Ich

schrie meine Empörung regelrecht aus mir heraus. Ich wäre sonst erstickt. Ehrlich.
»Sei vernünftig, Jan«, sagte mein Vater. »Es ist ja auch nicht schlecht, wenn wir mal woanders Urlaub machen. Vielleicht an der See. Du schwimmst doch so gerne.«
Ich sprang auf und riss den Stuhl um. »Komm, Wuff!« Das konnte ich gerade noch sagen, dann rannte ich hinaus, weil ich niemandem zeigen wollte, dass ich heulen musste.
Wir liefen zum Bach, Wuff und ich. Dort setzte ich mich hin, weil ich richtig weiche Knie bekommen hatte. Mit so einer Enttäuschung kann man keinen Marathonlauf machen.
»Und was nun?«, fragte ich meinen Hund. Der legte wie immer seine Schnauze auf meine Oberschenkel. Er hatte nicht mitgekriegt, was für eine Katastrophe sich da anbahnte.
Jetzt, da Wuff eine so gute Chance gehabt hätte bei Tante Uschi unterzukommen, ausgerechnet jetzt vermietete sie das Haus. Und auch noch für drei Jahre. Ich wusste nicht, wie ich das aushalten sollte. Drei Jahre lang keine Wiese mit Obstbäumen und keinen Bach, keine stundenlangen Herumstreifereien, wo keiner fragte, was man denn in der Zwischenzeit gemacht habe. Fortlaufen! war mein nächster Gedanke. Einfach mit Wuff durchbrennen. Wenn sie mich dann wieder gefunden hätten, würden sie vor Freude auch meinen Hund behalten. Oder ich würde einen Brief schreiben und

Bedingungen stellen für das Zurückkommen. Nur eine einzige Bedingung: Wuff bleibt bei uns!

Ich hatte die abenteuerlichsten Ideen. Dabei wusste ich schon, das spürte ich nämlich ganz tief drinnen in mir, dass sich das alles nicht würde durchführen lassen. Nur eins war sicher: Wenn wir wieder zu Hause waren, musste mein Hund ins Tierheim.

Mama spürte meinen Kummer. In dieser Hinsicht ist sie Spezialistin. Da kann man ihr nichts vormachen. Sie kam abends noch mal an mein Bett. »Es bleiben dir ja noch vier Tage«, tröstete sie.

Ich drehte den Kopf weg. »Und Wuff?«, quetschte ich heraus.

»Ich werde mit Frau Lorenz reden, sie kümmert sich bestimmt besonders gut um Wuff. Wirst sehen, er hat sich bald eingelebt. Und du kannst ihn ja im Tierheim besuchen. Sooft du willst.«

Alles war bereits beschlossene Sache. In diesem Augenblick konnte ich meine Mutter überhaupt nicht mehr leiden und meinen Vater auch nicht. Nicht mal Tante Uschi.

Einen Versuch machte ich noch: »Wenn ich mit Herrn Manthey rede, vielleicht macht der mal eine Ausnahme . . .«

»Zwecklos.« Meine Mutter war nicht mal für einen Versuch. »Wir haben das extra im Mietvertrag unterschreiben müssen. Also sei vernünftig, Jan.«

Sie gab mir einen Kuss, was ich eigentlich gar nicht leiden konnte, aber diesmal kriegte ich so einen

Kloß im Hals. Ich drehte mich zur Wand. Mama ging aus dem Zimmer und löschte auch gleich das Licht aus. Finster, alles finster. Innen und außen.
Ganz gegen seine Gewohnheit sprang Wuff zu mir aufs Bett und legte sich neben mich. Wenn das meine Mutter gesehen hätte, wäre vielleicht was los gewesen. Tiere im Bett – undenkbar. Mein Vater hätte mit Sicherheit seinen Unmöglich-Blick gekriegt. Er hält bei solchen Sachen zu Mama.
»Jetzt sitzen wir ganz schön in der Tinte«, sagte ich zu Wuff. Er jaulte leise. Jetzt war sicher auch ihm klar geworden, wie ernst es um uns stand.
»Du musst ins Tierheim«, sagte ich. »Oder ich bringe dich deinen Leuten zurück.«
Wuff fiepte ein bisschen. Der Vorschlag gefiel ihm auch nicht.
Ich kniff die Augen zu und versuchte die Autonummer des blauen Opels durch eine ganze Zahlenkolonne zu vergessen. Mit Liedern, die mir nicht aus dem Kopf gehen, mache ich das nämlich auch immer so. Ich singe einfach eine andere Melodie dagegen an und schon ist die erste weg.
Bei der Autonummer funktionierte das nicht. Ich probierte die kompliziertesten Tricks. Nichts zu machen.
Darüber schlief ich ein. Und natürlich träumte ich wieder verrücktes Zeug. Der blaue Opel und die Autonummer spielten in meinem Traum die Hauptrolle.
Den Rest der Ferien konnte man glatt vergessen.

Mich plagte der Abschiedsschmerz. Schon die Mitteilung, dass wir nun drei Jahre lang womöglich in feinen Hotels Urlaub machen müssten, hatte mir gereicht. Und nun kam noch dazu, dass ich Wuff nicht einmal als Ferienhund behalten durfte.
»Mach kein Theater, Jan«, sagte mein Vater streng. »Das war doch von Anfang an klar. Wir haben dir nie etwas anderes versprochen.«
Damit hatte er natürlich Recht. War nichts dagegen zu sagen. Ich zählte die Stunden, die mir noch mit meinem Hund blieben. Die schmolzen zusammen wie Schnee in der Sonne.
Auf der Heimfahrt habe ich, glaube ich, kein Wort geredet. Ich hatte von Tante Uschi eine ganz große Reisetasche bekommen, weil ich als Einziges durchgesetzt hatte Wuff nicht gleich nach der Heimfahrt im Tierheim abzusetzen. »Er soll wenigstens wissen, wo ich wohne!«
Als wir nur noch wenige Minuten bis nach Hause hatten, hob ich Wuff in die große Tasche. »Ganz still jetzt, hörst du!« Ich drückte ihn etwas nieder und er setzte sich ganz brav hin. Nun zog ich langsam den Reißverschluss zu. Nur für die Schnauze ließ ich einen kleinen Spalt offen.
Als wir ankamen, lief mir ausgerechnet Babsi über den Weg. Sie hatte bestimmt schon auf uns gewartet. »Mann, war das langweilig ohne dich!«, stöhnte sie.
Ich schleppte die Tasche mit Wuff die Treppen hinauf. Babsi wollte mit anfassen, ich ließ das nicht

zu. Und weil der Reißverschluss schon ziemlich alt war, hielt er der Belastungsprobe nicht stand.
Babsi ließ den Henkel der Tasche los, ich stellte sie vor Schreck einfach auf den Treppenabsatz.
»Ist der niedlich!«, sagte Babsi. »Gehört er dir?«
Nachdem ich den ersten Schrecken überwunden hatte, flüsterte ich: »Fass lieber mit an, damit uns dein Vater nicht erwischt!«
Babsi kapiert immer ziemlich schnell. Sie packte die Tasche und schleppte sie samt Wuff in den zweiten Stock. Ich konnte sie erst an der Wohnungstür einholen. »Schnell in mein Zimmer!«, befahl ich.

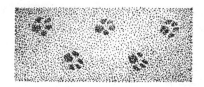

Als wir Wuff aus der Tasche befreit hatten, beschnupperte er alles in meinem Zimmer. Babsi hatte es sich auf meiner Liege bequem gemacht und schaute zu. »Wissen deine Eltern, dass du den Hund mitgenommen hast?«, fragte sie.
»Ja«, antwortete ich kurz. Ich hatte jetzt keine Zeit ihr alles zu erklären. »Er soll ins Tierheim.«
»Schade«, meinte Babsi. »So einen habe ich mir immer gewünscht, aber mein Vati...«
»Geschenkt«, sagte ich böse. »Ist mir bekannt, dass dein Vater ein Tiergegner ist.«
Babsi verteidigte ihren Vater. »Ist er nicht. Nur Hunde und Katzen kann er nicht ausstehen. Wenn wir in den Zoo gehen, ist er ganz anders.«
Das half mir auch nicht weiter. Ich konnte doch Wuff nicht in den Zoo schaffen.
»Ich muss mit Mathias reden. Der weiß vielleicht eine Lösung«, sagte ich, weil ich Babsi loswerden wollte.
»Machen wir eine Krisensitzung«, meinte sie. »Dann erzählst du uns alles über den Hund. Ich rufe Mathias gleich an. Tschüs!«
Bevor ich darüber nachdenken konnte, war sie schon auf und davon.
Ich wollte vor ihr mit Mathias reden und lief zum Telefon. Er war noch nicht aus den Ferien zurück, erfuhr ich von seiner Oma. Aber es kam noch schlimmer.
Noch am selben Abend rief meine Mutter bei Frau Lorenz an. Ich zitterte richtig, als sie telefonierte.

»Das Tierheim ist überbelegt?« Ich atmete auf. Eine Chance. »Sie machen eine Ausnahme?« Also doch nichts.

»Ja, Frau Lorenz. Jan bringt ihn morgen Vormittag. Vielen Dank. Und für das Futter komme ich auf in den ersten drei Monaten. Ja, morgen früh, Frau Lorenz. Bis zehn ist Jan mit dem Hund bei Ihnen.« Mama hatte gesehen, dass ich in der Tür stand, als sie telefonierte. »Alles klar«, sagte sie, als wäre das die selbstverständlichste Sache der Welt. »Und du kannst deinen Wuff abholen, sooft du Zeit hast. Mit dem Fahrrad bist du in ein paar Minuten dort.« Ich schaute auf die Uhr. Fünfzehn Stunden blieben uns noch.

Ich kannte Frau Lorenz, die das Tierheim leitete. Sie war eine freundliche Frau und liebte Tiere sehr. Aber es waren einfach zu viele Hunde und Katzen, Wellensittiche und Hamster. Und das Geld war immer knapp. Ich war schon ein paarmal dort gewesen. Da hatte ich gesehen, wie wenig Platz so ein Tierheimhund in seinem Käfig hat. Zwinger kann man das wirklich nicht nennen. Und dorthin sollte mein armer Wuff.

Ich werde Papa doch sagen, dass ich die Autonummer weiß, nahm ich mir vor. Oder?

Ich hatte schon bei Tante Uschi im Autoatlas nachgeschaut. Die Leute mit dem blauen Opel wohnten keine dreißig Kilometer von uns entfernt. Ein Klacks wäre das, bei der Polizei anzurufen und sich Auskunft zu holen.

Ich werde nicht sagen, dass ich die Autonummer weiß. Oder?

Mir wurde ganz schwindlig vor lauter Nachdenken. Wuff saß neben meiner Liege auf dem Teppichboden. Sicher musste man noch einmal mit ihm hinausgehen. Bei Tante Uschi war das nicht nötig gewesen. Aber hier konnte Wuff nicht so ohne weiteres durch die Tür spazieren und im Freien sein Geschäft machen.

Ich nahm die Leine, die einmal Ferdinand gehört hatte, und hakte sie an Wuffs Halsband fest. Meine Mutter sagte nichts, als sie uns gehen sah. Einfach nicht wiederkommen, dachte ich. Das wäre die Lösung. Wenigstens vorläufig.

Aber nach zwei Stunden waren wir doch wieder zu Hause. Und in der Nacht schlief ich nicht. Mir wäre ein Horrortraum fast lieber gewesen als die letzte schlaflose Nacht mit Wuff, der ahnungslos neben meinem Bett lag. Er schlief.

Mama schickte mich pünktlich los. »Nimm das Fahrrad«, sagte sie.
»Nein«, widersprach ich.
Ich verzichtete auch auf die große Tasche von Tante Uschi. Es hätte Wuff in seiner Würde verletzt, ihn heimlich fortzuschaffen.
Ich hakte die Hundeleine fest und sagte: »Komm, Wuff!«
Der war total ahnungslos, das merkte ich daran, wie er freudig um mich heruntsprang. Mir drückte es bald die Kehle zu.
Ich machte noch einen Versuch: »Mama, wenn wir . . .«
»Nein«, sagte meine Mutter. »Tut mir Leid, Jan. Da ist nichts zu machen. Denkst du, wir hätten nicht auch schon überlegt, wie man dem Hund helfen könnte?«
Die Autonummer!, fuhr es mir durch den Kopf. Wenn ich jetzt sage, dass ich sie kenne, bleibt ihm das Tierheim erspart. Und ich darf ihn vielleicht noch eine Weile behalten.
Aber dann ist Wuff für immer aus meiner Nähe fort. Ich sehe ihn nie wieder.
Vielleicht war das mit dem Tierheim gar nicht so schlecht. Ich konnte Wuff wenigstens jeden Tag besuchen und vielleicht gewöhnte sich Herr Manthey mit der Zeit so daran, dass ich einen Hund spazieren führte . . .
Die abenteuerlichsten Pläne schossen mir durch den Kopf. Ja, ich würde um Wuff kämpfen. Jetzt

musste ich zwar klein beigeben, aber das letzte Wort war noch nicht gesprochen.

Das schwöre ich!, sagte ich leise zu Wuff, als ich die Flurtür lautstark hinter mir zuzog. Ich schluckte, um den Kloß in meiner Kehle loszuwerden. Das war ja nicht auszuhalten. Ich kam mir vor wie einer, der ein ahnungsloses Tier ins Schlachthaus schafft.

Ausgerechnet da musste ich Herrn Manthey in die Quere laufen. Er putzte vor der Garage an seinem Auto rum. Und das war auch noch blau.

Herr Manthey sah mich sofort. »Ist das etwa dein Hund?«, fragte er streng.

»Ja«, sagte ich. »Aber . . .«

»Du weißt doch genau und deine Eltern wissen das auch: Hunde und Katzen sind nicht gestattet.«

»Ich weiß das, Herr Manthey.«

»Na – und?« Der Mann war verblüfft, dass ich das so ohne weiteres zugab. »Das Tier kommt aus dem Haus, sofort. Habe ich mich klar ausgedrückt?«

»Ja, Herr Manthey. Wuff wird nicht bei uns übernachten.«

»Was soll denn das schon wieder heißen?« Ich sah, wie eine Ader an seiner Stirn anschwoll. Unnötigerweise putzte er an der Scheibe herum. Das Auto war sowieso wie aus dem Ei gepellt. So sieht unseres nie aus.

»Ich bringe den Hund ins Tierheim«, sagte ich sehr ruhig. »Aber ich werde ihn oft abholen und spazieren führen. Dagegen dürfen Sie nichts haben.

Ich weiß ja, dass Sie ein Tierfeind sind.« Woher ich diese Ruhe nahm, weiß ich nicht. Ich fühlte mich besser, als ich ganz cool das Wort Tierfeind aussprach. Dann drehte ich mich um und ging mit Wuff davon.

Ich konnte machen, was ich wollte, die Umwege brachten auch nur etwa zehn Minuten Verzögerung. Frau Lorenz hatte schon auf mich gewartet. »Entschuldigung«, sagte ich. »Es war gar nicht so leicht.«

Frau Lorenz hob Wuff auf einen Tisch und betrachtete ihn von allen Seiten. Wieder bekam ich eine winzige Hoffnung: Vielleicht nahm sie ihn gar nicht. Konnte doch sein, irgendwas an Wuff entsprach nicht den Vorstellungen oder – wie man so sagt – den Anforderungen, die ein Tierheim an ein Tier stellt.

Je länger Frau Lorenz den Hund hin- und herdrehte, desto größer wurde meine Hoffnung. Und dann kam die Enttäuschung.

»Ein Mischling«, sagte Frau Lorenz. »Aber ein hübsches Tier. Kerngesund scheint er zu sein. Trotzdem werden wir ihn in den nächsten Tagen dem Tierarzt vorstellen. Das ist Pflicht. Komm, ich zeige dir, wo wir deinen Hund unterbringen.«

Das war genau der Moment, vor dem ich mich die ganze Nacht gefürchtet hatte. Immer wieder sah ich vor mir, wie die Käfigtür hinter Wuff zuschlug. Seine Augen stellte ich mir vor ...

Jetzt wäre ich am liebsten davongelaufen. Aber da musste ich durch. Es half keine Ausrede.

»Darf ich die Leine behalten?«, fragte Frau Lorenz. »Daran ist dein Hund gewöhnt. Er riecht das.«

»Ja«, quetschte ich hervor. »Aber nur für Wuff.«

»Selbstverständlich.« Frau Lorenz lächelte ein bisschen. Eigentlich gefiel sie mir. Sie liebte Tiere, sonst hätte sie kein Heim aufgemacht, wo herrenlose Hunde und Katzen ein Unterkommen fanden.

Ich schaute nur geradeaus, als wir an den Käfigen entlanggingen, weil ich nicht sehen wollte, wie die anderen Hunde mich anschauten.

Wuff zerrte an der Leine und wollte überall anhalten, um sich seine Artgenossen zu besehen.

»Wir haben zur Zeit zweiundzwanzig Hunde im Heim, dein Wuff ist der dreiundzwanzigste. Katzen sind noch mehr da. Es gibt so viele verantwortungslose Leute, die Tiere hilflos sich selbst überlassen.«

»Haben Sie nur Hunde, die ausgesetzt worden sind?«, fragte ich, nur um irgendwas zu sagen. Ich wollte mich ablenken.

»Nein. Manche Leute bringen ihre Tiere auch her. Und vielen fällt die Trennung genauso schwer wie dir, Jan. Aber manchmal geht es eben nicht anders. Wenn du öfter hierher kommst, um deinen Wuff auszuführen, will ich dir gern die Geschichten der anderen Tiere erzählen.«

Ja, das wollte ich. Wuff auszuführen war sowieso

Ehrensache. Aber vielleicht tröstete es mich, wenn ich die Geschichten der anderen Tiere erfuhr.

Frau Lorenz öffnete eine kleine Gittertür. Sie hakte die Leine von Wuffs Halsband und sagte: »So, da sind wir. Ich muss deinen Hund erst ein bisschen von den anderen entfernt unterbringen, bis ihn der Tierarzt untersucht hat. Und so wird er sich auch besser an seine Umgebung gewöhnen.«

Ich nickte nur. Reden konnte ich nicht. Der Zwinger war nicht groß. Wuff, der gewöhnt war mit mir weit durch die Felder zu laufen, tat mir schrecklich Leid. Ich sagte das zu Frau Lorenz, als ich mit ihr zum Haus zurückging. Von Wuff hatte ich mich nicht verabschiedet. Nicht einmal umgedreht hatte ich mich. Seinen Blick hätte ich nicht ausgehalten, das könnt ihr mir glauben.

»Dein Hund war sicher nicht immer so frei wie in den Ferien mit dir«, meinte Frau Lorenz. »Wahrscheinlich wurde er in einer Wohnung gehalten und nur mal schnell Gassi geführt.«
»Wann darf ich ihn holen?«, fragte ich, weil das jetzt das Wichtigste für mich war.
»Ab übermorgen«, sagte Frau Lorenz. »Morgen kommt der Tierarzt, der untersucht ihn genau, vielleicht muss er auch geimpft werden, aber das ist alles keine große Sache. Muss nur seine Ordnung haben. Und dann soll sich dein Hund daran gewöhnen, dass er dich nicht jeden Tag sehen kann. Wuff ist doch noch prima dran, der hat jemanden, der sich um ihn kümmert. Es gibt Hunde, die niemanden haben. Und die auch niemand will.«
»Kommen oft Leute her, die einen Hund haben möchten?«, fragte ich. Mir wurde ganz schlecht, als ich daran dachte, irgendjemand könnte meinen Wuff aus dem Tierheim holen und ich würde ihn dann nie mehr sehen. Jetzt war ich schon froh, dass ich ihn hier lassen durfte und er in meiner Nähe blieb.
»Ich wünschte, mehr Leute würden ein Tier aus dem Tierheim holen – und zwar für immer. Manchmal ist so ein armes Geschöpf schon nach ein paar Wochen wieder bei uns. Die Leute machen sich falsche Vorstellungen. Ein Tier ist kein Spielzeug, es hat Charakter.«
Davon war ich überzeugt. Wuff hatte Charakter. Der ließ sich nicht zum Spielzeug machen.

Ich verabschiedete mich von Frau Lorenz. Die Leine von Dackel Ferdinand, die Tante Uschi mir für Wuff überlassen hatte, hängte Frau Lorenz an einen Haken, über dem eine Zahl stand.

Ich bekam einen richtigen Schreck, denn die beiden letzten Ziffern der Autonummer, die ich unbedingt vergessen wollte, waren Eins und Vier. War das bloßer Zufall?

Auf dem Heimweg trödelte ich. Ich wollte mit niemandem reden.

Herr Manthey putzte immer noch an seinem Auto herum, als ich zu Hause ankam. Ich hatte den Eindruck, dass er auf mich wartete.

»Der Hund ist weg«, sagte ich böse. »Nicht mal die Leine habe ich mehr. Sind Sie nun zufrieden?«

»Nein, Jan. Ich bin absolut nicht zufrieden.«

Ich erschrak. Was verlangte dieser Mann denn noch von mir? Durfte er mir etwa den Umgang mit Wuff verbieten?

»Ich möchte mit dir reden. Tierfeind ist ein böses Wort. Das hast du sicher nicht so gemeint.«

»Doch!« Es war böse und ich auch. Ich wollte böse sein.

»Gib mir eine Chance, Jan, dir alles zu erklären. Ich möchte auch, dass Babsi dabei ist. Sie spricht seit heute Morgen nicht mit mir. Auch ihr muss es . . .«

»Und welchen Sinn soll das haben?«, wehrte ich ab und gab meiner Stimme einen verletzenden Ton. Warum wollte Herr Manthey mit Babsi und mir reden? Ich fand es prima, dass Babsi sich auf meine Seite stellte. Und irgendwie wurde ich jetzt neugierig, was für Ausreden Herr Manthey nun erfinden würde.

»Wann?«, fragte ich knapp.

»Ihr habt ja noch Ferien. Ich lade dich und Babsi für morgen Nachmittag ein. Fahren wir ein Stück raus.«
Ich überlegte blitzschnell. Heute sollte Mathias zurückkommen. Drei gegen einen, das war doch was!
»Ich möchte Mathias mitbringen.« Meine Bedingung! Ich war im Vorteil.
Herr Manthey stimmte sofort zu. »In Ordnung. Morgen um drei.« Er passte sich meiner knappen Redeweise an. Ich fühlte mich besser, als ich die zwei Treppen nach oben ging.

Babsi bekam ich nicht zu sehen. Aber Mathias war tatsächlich von der Reise zurück. Er rief mich sofort an. Ich erzählte ihm von Wuff und von Herrn Manthey.
»Klar komme ich mit«, sagte er. »Und deinen Hund besuchen wir, sooft wir können. Abgemacht?«
Meiner Mutter passte es gar nicht, dass ich Herrn Manthey so herausgefordert hatte. »Du willst immer mit dem Kopf durch die Wand, Jan. Es war doch von Anfang an klar, dass Wuff ins Tierheim kommt. Wenn ich die Autonummer wüsste, würde ich die Leute suchen und ihnen gehörig die Meinung sagen. Aber so bleibt uns keine andere Wahl. Begreif das endlich, Jan.«
Papa fand aber, ich hätte mich großartig verhalten. »Wird zwar nichts dabei herauskommen, aber immerhin, du gibst nicht gleich auf.«

Das tröstete mich ein bisschen über den Trennungsschmerz von Wuff hinweg. Wenn mich mein Vater lobt, ist das schon was.
Am Abend telefonierte ich mit Frau Lorenz. »Ist Wuff sehr traurig?«, fragte ich.
»Nicht mehr als andere Tiere in den ersten Tagen. Aber er frisst wenigstens.«

»War der Tierarzt schon da?«
»Nein. Ich rufe dich an, sobald du deinen Hund ausführen kannst.«
»Abgemacht, Frau Lorenz?«
»Fest versprochen. Ehrenwort.«
Trotzdem konnte ich es nicht lassen, am nächsten Morgen wenigstens bis zum Tierheim zu fahren. Ich stellte mein Fahrrad an den Zaun und versuchte einen Blick über den Zaun zu werfen, indem ich mich auf Gepäckträger und Sattel stellte. Den Zwinger, in dem Wuff untergebracht war, konnte ich nicht sehen.
Dann fuhr ich zu Mathias. Wir gingen in sein Zimmer, weil ich ihm etwas Wichtiges anvertrauen musste. Zwischen uns gibt es keine Geheimnisse und nach der Geschichte mit Wuff weiß ich, dass ich mich auf Mathias hundertprozentig verlassen kann. Er ist ein echter Freund.
»Geht es um den Manthey?«, fragte Mathias.
Ich winkte nur ab. »Der will uns vielleicht mit einer Riesenportion Eis zum Schweigen bringen. Das Wort Tierfeind gefällt ihm nämlich gar nicht.«
Ich erzählte Mathias von der Autonummer.
»Mann!«, sagte er fürs Erste nur. Ich spürte, wie sehr ihn meine Mitteilung beschäftigte, weil er diesem einen Wort eine ganze Weile keins hinzufügte.
»Und wenn deinem Hund das Tierheim nicht bekommt? Was dann?«, fragte er nach einer Weile.
Mir gab es einen Stich, wie immer, wenn ich daran

dachte. »Ich weiß nicht«, sagte ich. Das klang bestimmt sehr kleinlaut. Herrn Manthey gegenüber war ich viel selbstbewusster gewesen. Mathias konnte ich nichts vormachen. Der kannte mich genauer als Herr Manthey.

»Ich weiß wirklich nicht«, sagte ich noch einmal.

Mathias ist viel praktischer als ich. Er sagt, ich sei manchmal zu gefühlsduselig. Auch diesmal beschäftigte er sich sofort mit verschiedenen Möglichkeiten einer Lösung.

»Darf ich Leo ins Vertrauen ziehen?«, fragte er.

Leonhard ist sein Bruder. Der ist schon über neunzehn. Mathias ist ein Nachzügler. Seit Leo ausgelernt hat, wohnt er in einer eigenen Bude. Er ist Automechaniker.

Eigentlich war es mir nicht recht, wenn dann schon drei Personen das Geheimnis kannten. Aber vielleicht hatte Leo eine Idee, wie man nach dem Kennzeichen des Autos den Besitzer feststellen kann.

»Ist ja nur, falls dein Hund mit dem Tierheim nicht klarkommt.«

»Warten wir noch eine Weile«, meinte ich. »Leo soll sich nur mal umhören, aber noch nichts unternehmen.«

»Okay!« Mathias schrieb sich das Kennzeichen auf, das ich ihm aus dem Kopf aufsagen konnte. Dahinter schrieb er: Blauer Opel.

Der Nachmittag mit Herrn Manthey brachte eine echte Sensation. Nichts mit Eisdiele und Riesenportion. Ich saß mit Mathias und Babsi hinten im Auto.
»Wohin fahren wir?«, fragte ich Babsi.
Die wusste genauso wenig wie wir. Wir fuhren fast eine Stunde. In einem kleinen Ort hielten wir vor einem alten Haus mit einem gepflegten Vorgarten und schmiedeeisernen Gittern.
»Hier habe ich Jahre meiner Kindheit verbracht, bevor ich in ein Heim kam«, sagte Herr Manthey zu uns. »Schaut euch das Haus genau an. Ihr könnt ruhig mal aussteigen. Jetzt wohnen andere Leute drin.«
Natürlich stiegen wir aus. Herr Manthey blieb im Auto sitzen und rauchte eine Zigarette. Ich bemerkte, dass seine Hände ein bisschen zitterten, als er die Asche abstiebte.
Was an dem Hause Besonderes zu sehen sein sollte, kriegte ich nicht heraus. Auch Babsi und Mathias sahen sich ratlos an. Babsi hatte also wirklich keine Ahnung, was das sollte. Sie kann sich schlecht verstellen.
Wir stiegen wieder ins Auto. »Na und?«, fragte ich Herrn Manthey.
Wenn ich meinen Vater in so einem Ton gefragt hätte, wäre dem die blanke Wut gekommen. Herr Manthey beherrschte sich einwandfrei. »Später«, sagte er. Dann fuhren wir weiter.
Wir fuhren nicht lange. Als wir außerhalb des Ortes waren, hielt Babsis Vater an. »Wir müssen

jetzt zu Fuß weitergehen. Ich hab einen Korb mit etwas zu essen dabei. Tragt ihr den? Es ist nicht weit. Ich kenne die Gegend dort.«
Mann, ließ der uns zappeln!
»Macht es spannend, was?«, sagte ich leise zu Mathias. Der hob den Korb aus dem Kofferraum. Babsi zog das Geschirrtuch ein bisschen weg und nickte anerkennend. »Davon werden mindestens zehn Personen satt.«
Es war wirklich nicht weit. Wir kamen an eine Stelle im Wald, von der aus man gut nach unten sehen konnte. Wirklich ein schöner Ausblick ins Tal. Aber der interessierte mich im Moment überhaupt nicht. Babsi spielte Hausfrau und legte ein Tischtuch auf den Boden, darauf verteilte sie Kaffeetassen, Kuchenteller und natürlich einen Berg Kuchen, der wirklich für mehr als vier Leute ausgereicht hätte.
»Setzt euch erst mal«, sagte Herr Manthey. »Und esst.«
»Soll das alles sein?«, fragte ich provozierend.
»Nein. Es wird nur etwas länger dauern...«
Und dann erzählte uns Herr Manthey seine Geschichte.

Er war kurz vor Kriegsende geboren worden. Nach dem Willen seines Vater hätte er Siegfried heißen sollen oder, wenn es ein Mädchen geworden wäre, Sieglinde. Aber mit dem Siegen war es vorbei, als er auf die Welt kam.

Er wurde auf den Namen Alexander getauft. Sein Vater fiel noch in den letzten Kriegstagen. Nicht einmal ein Zuhause gab es mehr, weil das Haus, in dem seine Eltern gewohnt hatten, in Ostpreußen stand. Seiner Mutter wurden zwei kleine möblierte Zimmer für sich und das Baby in dem schönen großen Haus zugewiesen.
»Damals hungerten alle«, sagte Herr Manthey. »Im Haus von Frau Eppner hungerten nur meine Mutter und ich . . .
Fünf Katzen und drei Hunde hatte die Frau. Die Futterschüsseln waren immer reichlich gefüllt, besonders die ihres bevorzugten Lieblings, eines Maltesers. So ein richtiger Schoßhund war das. Ich kann mich noch erinnern, dass mich meine Mutter mal vom Fressnapf dieses Hundes wegzerren musste. Ich war noch klein und verstand nicht, warum ich hungern sollte, wenn die Hunde und Katzen so gut gefüttert wurden. Später entwickelte ich eine richtige Strategie, wie ich an die guten Bissen herankommen konnte. Ich holte die Reste aus den Futternäpfen und bewahrte sie auf. Waren die Näpfe neu gefüllt, und Frau Eppner war da peinlich sauber, suchte ich mir die guten Bissen heraus und füllte mit den Resten auf. Das ist nie rausgekommen, aber das war ja auch nur für eine Übergangszeit, bis es bei uns wieder aufwärts ging und Mutter mich auch ohne meine Tricks satt bekam . . .«
Herrn Mantheys Mutter starb, als er gerade in die

Schule gekommen war. Tuberkulose. Das war nach dem Krieg eine sehr verbreitete Krankheit. Viele starben daran.

Als Herrn Mantheys Mutter ins Krankenhaus kam, musste er bei Frau Eppner bleiben. Er hatte keine Verwandten mehr. Die Großeltern waren auf der Flucht aus Ostpreußen im kalten Winter umgekommen. Frau Eppner wurde nach dem Tod von Herrn Mantheys Mutter seine Pflegemutter.

»Ich hatte sie nie leiden können. Aber von da an war es die Hölle. Erst kamen die Hunde und die Katzen dran, dann ich. Ich hatte alle Hände voll zu tun, und wenn ich etwas falsch machte, setzte es Strafen. Kamen Gäste, wurde ich vorgezeigt wie der Malteser, der Spitz und der scharfe Foxterrier. Die konnten Kunststückchen vorführen und wurden belohnt. Ich konnte nichts, deshalb wurde ich als armes Waisenkind präsentiert, das so viel Gutes in diesem Haus erhielt und so undankbar sei. Die Rolle beherrschte ich bald bestens. Ich wurde bockig, kam in der Schule schlecht mit, band die Hunde, die ich ausführen sollte, an irgendeinem Baum an und beschäftigte mich mit Dingen, die mir Spaß machten. Ich hasste die Tiere, besonders den Malteserhund. Der war bösartig und spielte der Eppner Komödien vor. Wenn ich den schon jaulen hörte!

Ich will es kurz machen: Immer häufiger kam es vor, dass ich von Frau Eppner Strafen bekam und geschlagen wurde; sie war sehr unbeherrscht. Ihre

Hunde und Katzen wurden mit Leckerbissen gefüttert, ich bekam die Reste. Gehungert habe ich nicht, aber ich kam mir gedemütigt vor. Mein Stolz war bis ins Innerste verletzt. Und an einem Tag war das Maß voll. Ich weiß nicht mehr, wie es passiert ist, das alles geschah wie in einem bösen Traum. Ich habe den Malteser an den Hinterläufen gepackt und an die Hauswand geworfen. Immer wieder. Die Eppner stand wie erstarrt da. Ich habe innerlich triumphiert. Was dann kam, das könnt ihr euch sicherlich denken.«
Mit neun Jahren kam Alexander Manthey in ein Heim. Schwer erziehbar, stand in seinen Akten. Er hatte damals geschworen nie ein Tier in sein Haus zu nehmen, weil ihm immer das Bild vor Augen stand, wie der Malteser mit zertrümmertem Schädel dagelegen habe.
»So ist das«, sagte Herr Manthey. »Und daran ist auch nie etwas zu ändern. Aber ich bin kein Tierfeind, Jan.«

Mich beschäftigte das Geständnis von Babsis Vater noch lange. Er hatte mir erlaubt meinen Eltern davon zu erzählen. Aber ich wusste nicht, ob ich das wollte. Schon die Vorstellung, Wuff hätte es ähnlich gehen können, ließ mir die Gänsehaut über den Rücken laufen.
»Was hast du denn, Jan?«, fragte mich Papa, als er abends noch mal an mein Bett kam. »Ist es wegen Wuff? Der gewöhnt sich ein. Bestimmt.«

Ich konnte mich immer noch nicht entschließen die Geschichte zu erzählen. »Hat Herr Manthey mit dir geredet?«, fragte ich deshalb meinen Vater.

Der zuckte nur mit den Schultern. »Den Mietvertrag hat er mir unter die Nase gehalten und mit Kündigung gedroht. Er hat deinen Wuff bellen gehört und ist ausgeflippt, das hat mir Mutti erzählt. Und dann hat er gesagt: ›Entweder der Hund geht aus der Wohnung oder Sie!‹ Aber das wusstest du doch vorher. Ich habe Herrn Manthey gesagt, dass du den Hund schon ins Tierheim gebracht hast.«

»Ja, ja«, sagte ich. Und dann entschloss ich mich doch meinem Vater alles zu erzählen.

Als ich gerade damit anfing, kam auch Mama ins Zimmer. Da hörte sie gleich alles mit.

»Mein Gott, das ist ja schrecklich!«, sagte sie. »Da lebt man nun jahrelang in einem Haus mit einem Menschen und weiß nicht, was den anderen quält.«

Meine Eltern redeten nun über mich hinweg, als ob ich gar nicht vorhanden wäre. Manchmal mag ich das, weil ich dann Sachen zu hören bekomme, die sie sonst nie vor mir besprechen würden. Aber hier verstand ich nur Bahnhof. Von irgendeinem Traum war da die Rede und von Freude. Später erfuhr ich, dass das Trauma hieß und so was Ähnliches wie ein fürchterlicher Schock ist, den man womöglich nie mehr im Leben loswird. Und das mit der Freude war auch anders. Ein Professor war

gemeint, der Freud hieß und das Seelenleben erforscht hat.
Als mir das ganze Gerede zu viel wurde, fragte ich meine Mutter: »Ist Herr Manthey nun ein Tierfeind oder Hundetöter?«
Mir saß seine Erzählung vom Nachmittag noch tief in den Knochen und sicher würde ich die ganze Nacht davon träumen. Babsi tat mir Leid. Sie war ganz verstört gewesen. Ihr Vater hatte noch nie mit ihr über seine Kindheit geredet. Auf der Rückfahrt waren wir alle sehr still gewesen und der Korb mit dem Kuchen war auch noch halb voll. Geschmeckt hat uns von da an nichts mehr.
Meine Mutter verstand mich. Sie ist da ganz große Klasse. »Schlaf erst mal drüber, Jan«, sagte sie. »Morgen reden wir über alles. Aber du kannst beruhigt sein, Babsis Vater ist weder ein Tierfeind noch ein Hundetöter. Er war nur ein ganz einsamer kleiner Junge damals, der niemanden hatte, der ihn liebte. Darüber ist er bis heute noch nicht weggekommen.«
Ich konnte an dem Abend lange nicht einschlafen. Eins wurde mir aber klar: In diesem Haus war Wuff nicht sicher. Herr Manthey war bestimmt kein schlechter Mensch. Doch wenn ihn wieder mal die Wut packte und Wuff gerade in der Nähe war – nicht auszudenken!

Aber wenn Wuff es nicht im Tierheim aushielt? Was sollte ich dann machen? Immer wieder sah ich die Autonummer und den blauen Opel vor mir, wenn ich die Augen schloss. War das der einzige Ausweg, wenn Wuff vor Kummer im Tierheim krank wurde? Musste dann Leo nach dem Besitzer suchen und mussten wir dann den Hund den Leuten zurückbringen, die ihn womöglich bei ihrer nächsten Ferienreise wieder irgendwo unterwegs aus dem Auto schubsten?
Wenn mein Vater erfuhr, dass ich die Autonummer kannte, ich als Einziger, würde er glatt bei der Polizei Anzeige erstatten. Und dann müsste er die Adresse der Leute erfahren. Als Einziger wusste ich es? Mathias hatte sich ja die Nummer aufgeschrieben.
Mich durchfuhr ein riesiger Schreck. Wenn ich Angst habe, muss ich immer gleich aufs Klo rennen. Mama fragte mich gleich beim zweiten Mal: »Hast du Durchfall, Jan? Was hast du denn wieder alles durcheinander gegessen?«
Ich habe meiner Mutter noch nie gesagt, dass mein Durchfall nur dann kommt, wenn ich vor etwas Angst habe. Dadurch würde ich mich ja jedes Mal verraten, wenn was los war. »Nicht so schlimm«, sagte ich. »Kann sein, dass mir Mantheys Kuchen nicht bekommen ist. Hab zu viel davon gegessen.«
»Morgen gibt's Pfefferminztee und Zwieback«, sagte meine Mutter. Sie befühlte meine Stirn. »Fie-

ber hast du nicht. Soll ich dir nicht lieber gleich einen Tee machen?«

»Nein«, sagte ich. »Erst morgen früh, wenn der Durchfall dann noch da ist.«

Ich kann Pfefferminztee und Zwieback nicht ausstehen. Nicht mal Pfefferminzbonbons mag ich, obwohl ich sonst auf Süßes stehe. Woher diese Abneigung kommt, weiß ich nicht. Aber ich war sicher, dass mein Durchfall am nächsten Morgen bestimmt weg sein würde, weil ich mich meistens um Sachen ängstige, die tagsüber gar nicht so schlimm sind.

Ich versuchte den Durchfall auf meine Art zu kurieren. Das hat bisher meistens geklappt. Ich überlegte mir Gegenmaßnahmen, damit ich nicht unvorbereitet war, wenn da etwas auf mich zukam. Als Erstes musste ich gleich morgen früh mit Mathias sprechen, damit sein Bruder Leo nicht ausposaunte, warum er den Besitzer des blauen Autos suchte. Als Zweites musste ich unbedingt Wuff besuchen, damit der nicht dachte, ich hätte ihn im Stich gelassen. Und drittens musste ich mit Babsi reden. Die fühlte sich bestimmt noch mieser als ich, wenn sie sich vorstellte, wie ihr Vater den kleinen Hund an die Wand geschmissen hatte.

Ich versuchte mich in Herrn Mantheys Lage zu versetzen. Damals war er noch nicht so alt, wie ich jetzt bin. Und die Eppner musste eine regelrechte Hexe gewesen sein. Aber einen kleinen Hund deshalb umzubringen ...

Die Wut war's!, dachte ich. Mein Vater hat mal, als er sehr wütend war, einen ganzen Stapel Teller auf die Fliesen vom Küchenfußboden geklatscht. Mama war darüber entsetzt, aber er hat nur gelacht und gesagt: »So, jetzt ist's mir wohler! Ich wäre sonst dran erstickt.« Worum es damals gegangen war, weiß ich nicht mehr. Sicher war es nichts besonders Wichtiges.
Ob mein Papa bei einer wirklich wichtigen Sache auch ...
Nein, nein, nein!

Am nächsten Tag waren meine Nachtängste und der Durchfall verschwunden. Ich telefonierte zweimal. Mathias versprach mir Leo noch nichts Genaues zu sagen. Nur, dass wir einen Rat brauchten. Und was Mathias verspricht, das hält er auch.
Das zweite Gespräch hatte ich mit Frau Lorenz.
»Ja, komm nur heute mal her«, sagte sie. »Dein Hund kann ein bisschen Abwechslung gut gebrauchen.«
»Ist er krank?«, fragte ich besorgt.
»Nein. Er ist gesund, kerngesund. Der Tierarzt hat ihn schon angeschaut. Du darfst heute Nachmittag eine Stunde mit ihm spazieren gehen.«
Ich hätte am liebsten Hurra geschrien. Aber ich nahm mich zusammen.
Nun musste ich noch mit Babsi reden.
Das war schwieriger, als ich mir vorgestellt hatte.

Babsi sagte vorwurfsvoll: »Mein Vati ist kein Tierfeind und er ist schon gar kein Hundetöter mehr.«
»Hab ich das vielleicht gesagt?«
»Nein, aber gedacht hast du das. Bestimmt.« Sie warf mir einen bösen Blick zu.
Wie sollte ich sie davon überzeugen, dass ich etwas nicht gedacht hätte, was ich doch dachte. Mir fiel nur ein schwieriges Wort für das Verhalten ihres Vaters ein: Affekthandlung. Das Wort hatte ich in einem Fernsehkrimi gehört.
»Mein Vati ist kein Affe!«, schrie Babsi empört. Sie hatte nicht richtig zugehört.
Ich erklärte ihr das am Beispiel des Tellerstapels, den mein Vater mal vor Wut auf den Küchenfußboden geworfen hatte. »Beim Scherbenaufsammeln musste er schon wieder lachen«, fügte ich hinzu.
»Mein Vati lacht aber nicht darüber«, sagte Babsi kleinlaut. »Er hat mir gestern Abend noch viel mehr erzählt. Und das ist nicht gerade zum Lachen.«
»Ist ja gut«, sagte ich versöhnlich.
»Der Hund hatte einen komischen Namen.« Babsi war offensichtlich froh, dass sie mir jetzt alles noch genauer erzählen konnte, damit ich ihren Vater besser verstand.
Trotzdem kriege ich jedes Mal Gänsehaut, wenn ich dran denke, das könnt ihr mir glauben. »Wie hieß denn der . . .«, fragte ich deshalb zögernd. Ich wollte nicht Hund sagen und schon gar nicht erschlagener Hund.

Babsi ging sofort darauf ein. »Mr Spencer«, sagte sie. Und dann musste ich passen, weil sie mich fragte, ob ich wüsste, was das englische Wort Spencer auf Deutsch heißt. »Die Eppner wusste das auch nicht. Der Name sollte nur fein und englisch klingen, das war damals Mode. Aber mein Vater hat rausgefunden, dass Spencer nichts weiter heißt als Jäckchen.«

Ich musste lachen. Wenn ich sehr lachen muss, kommen mir immer Tränen oder ich verschlucke mich. Diesmal kam beides. Babsi haute mit der einen Hand auf meinen Rücken, mit der anderen gab sie mir ein Papiertaschentuch. So was habe ich nie bei mir. Als ich mich endlich beruhigt hatte, sagte ich immer wieder: »Herr Jäckchen, Herr Jäckchen! Nicht zu fassen so viel Dummheit!«

»Das hat mein Vati auch gesagt. Und stell dir vor, der hat sogar rohes Kalbssteak gekriegt.«

»Dein Vater?«

»Der doch nicht – der Hund, der Mr Spencer. Und das gleich nach dem Krieg, wo die Menschen gehungert haben.«

Ich nickte. Im Fernsehen hatte ich Filme über diese Zeit gesehen, aber richtig vorstellen konnte ich mir das nicht. Woher sollte Frau Eppner damals ein Kalbssteak genommen haben?

»Übertreibst du jetzt nicht ein bisschen?«, fragte ich. »Soviel ich weiß, gab's damals gar kein Fleisch oder nur auf Lebensmittelkarten.«

»Die hatte doch Verbindungen!« Babsi schnaufte empört. »Gehungert hat die nie, sagt mein Vati.«
Ich hatte keine Lust mich auf Einzelheiten einzulassen, weil ich zu wenig von der Zeit wusste. Und mein Vater war nach dem Krieg geboren worden. Er war viel jünger als Herr Manthey.
»Na, hoffentlich hat mein Wuff nicht auch so einen schrecklichen Namen gehabt«, sagte ich. »Aber an Kalbssteaks war der sicher nicht gewöhnt. Wuff frisst alles, was in seinen Futternapf kommt.«

Babsi war zufrieden damit, dass ich nicht mehr über ihren Vater als Tierfeind und Hundetöter sprach. Sie hätte mir bestimmt gern ein Ehrenwort abverlangt, aber ich tat, als merke ich das nicht. Ein Ehrenwort kann man nicht geben, wenn man anders denkt, als man spricht. Wenn ich an Herrn Manthey dachte, dann kam sofort das Bild wieder, das ich überhaupt nicht gesehen hatte. Das Bild, wie der kleine Hund tot auf dem Pflaster vor der Hauswand lag. Und jetzt hatte das Bild auch noch einen Namen bekommen: Mr Spencer, Herr Jäckchen!

Um mich abzulenken, erzählte ich Babsi, dass ich nachmittags Wuff besuchen durfte. Natürlich wollte sie sofort mitkommen. Ich lehnte ab.

»Du bist mir doch böse!«, sagte Babsi. »Mathias würdest du bestimmt mitnehmen.«

»Nein, auch den nicht. Jetzt noch nicht.«

Ich war vielleicht aufgeregt, als ich bei Frau Lorenz ankam!

Die tat, als merke sie das nicht. Ich nahm die Leine vom Haken mit der Nummer vierzehn. Das waren nun schon zwei Sachen, die ich nicht mehr aus meinem Kopf bekommen konnte: Die Autonummer endete mit einer Vierzehn und der Eppner-Hund hieß Mr Spencer.

»Könnten Sie sich vorstellen, dass jemand einen kleinen Hund erschlägt?«, fragte ich Frau Lorenz, als wir nach draußen gingen.

»Ja«, sagte sie. Einfach ja. Ihr Gesicht bekam einen

ganz anderen Ausdruck. Ich glaube Herr Manthey dürfte ihr nicht in die Quere kommen, wenn sie so schaut.
Frau Lorenz zeigte auf einen Spitz und blieb vor dem Zwinger stehen.
»Der zum Beispiel. Der wurde halb totgeschlagen, weil sein Besitzer sein eigenes Versagen immer an dem Tier abreagierte. Die Nachbarn haben ihn gebracht. Sie wollten den Mann anzeigen. Aber dann haben sie es nicht getan.«
Ich bückte mich zu dem Hund hinunter, weil ich ihn ans Gitter locken wollte. »Wie heißt er denn?«, fragte ich.
Frau Lorenz antwortete darauf nicht. »Der Hund kommt nicht durch. Die Verletzungen hat er überstanden, aber alles andere nicht. Er kommt nicht ans Gitter, Jan. Wenn ich ihm Futter bringe, verkriecht er sich in eine Ecke und zittert.«
»Hallo, Hund!«, sagte ich. Aber der Spitz schien gar nicht zu hören, dass ich ihn lockte. Ich wollte mir auch gar nicht so viel Zeit nehmen, denn es drängte mich zu Wuff.
Als Frau Lorenz mir dann noch Geschichten von anderen Hunden erzählte, fragte ich: »Wie lange darf ich mit Wuff wegbleiben?«
»Eine Stunde, wie ausgemacht.«
Ich schaute auf die Uhr. Jetzt war es drei. Kurz nach drei schon. Vielleicht half ein bisschen Handeln. »Halb fünf?«
Frau Lorenz schaute auf ihre Armbanduhr. »Bist

du schlecht in Mathe?«, fragte sie. Aber sie lachte dabei.

»Bevor ich mit Wuff aus dem Haus bin«, gab ich zu bedenken, »da ist doch mindestens eine Viertelstunde weg.«

Wir einigten uns: Ab Haustür eine Stunde.

Ich durfte den Zwinger öffnen. Wuff sprang an mir hoch und riss mich fast um. Ich hakte die Leine an sein Halsband, dann sagte ich: »Komm!« Das verstand er sofort.

Wie schnell eine Stunde um sein kann, hatte ich nicht gewusst. Ich traute mich aber auch nicht zu mogeln. Damit hätte ich Frau Lorenz bestimmt verärgert. Ich brauchte aber ihr Vertrauen. Pünktlich lieferte ich Wuff wieder ab.

Als ich das Türchen abschloss, tröstete ich ihn: »Morgen komme ich wieder. Bestimmt. Ehrenwort.«

Dann schaute ich noch bei Mathias rein. »Ist alles klar mit Leo?«

»Wie ausgemacht. Wenn du willst, können wir heute noch zu ihm gehen.«

Ich war nicht sicher, ob das ein guter Gedanke war. Aber ich brauchte einen Ausweg, falls Wuff es nicht im Tierheim aushielt wie der Spitz. Deshalb machten wir uns auf den Weg zu Leo, dem Bruder von Mathias. Ich war schon ein paarmal dort gewesen. Leo war gerade in der Küche beim Kochen. »Setzt euch«, sagte er. »Was liegt denn an, kleiner Bruder?«

Mathias hört das nicht so gern, wenn Leonhard ihn kleiner Bruder nennt. Mir würde das auch nicht gefallen, aber ich habe keine Brüder, weder kleine noch große. Nicht mal eine Schwester.

Mathias schaute mich an, ich ihn. Aber es war wohl doch besser, wenn ich alles erzählte. Ich kam in Fahrt und berichtete auch noch, was ich von Herrn Manthey erfahren und im Tierheim bei Frau Lorenz gesehen hatte.

»Da habt ihr wieder mal die Ungerechtigkeit«, sagte Leo. Er goss das Wasser von den Spagetti ab und hielt das Sieb unter die kalte Wasserleitung. Meine Mutter nennt das abschrecken. Er probierte die Spagetti, sie klebten nicht aneinander. »Wollt ihr mitessen?«

»Nein«, sagte Mathias.

Da konnte ich auch nicht Ja sagen, obwohl ich ganz schön Hunger hatte.

Leo sagte empört: »Da geben die einem Schoßhündchen Kalbssteaks, wenn anderswo Leute verhungern!«

Ich wusste, dass die Ungerechtigkeit der Welt Leos Lieblingsthema war, und es interessiert mich sonst auch sehr, das könnt ihr mir glauben. Aber heute ging es ja um ganz andere Dinge. Ich musste Leo bremsen.

»Hilfst du mir?«, fragte ich.

»Na ja, solche Leute würde ich mir schon gern mal von der Nähe anschauen«, meinte er.

Ich hatte das komische Gefühl, Leo könnte etwas

durcheinander bringen, meinen Wuff, Mr Spencer und den Tierheim-Spitz. »Du sollst nur rauskriegen, wer das ist, Leo«, bat ich. »Das andere ist meine Sache.«

»Okay, okay! Keine Angst, Kleiner. Ich vermassele dir nicht die Tour.« Leo lachte. »Außerdem habe ich keine Ahnung, wie man die Leute finden soll. Die Polizei gibt garantiert keine Auskunft. Datenschutz!«

Gegen Kleiner bin ich allergisch. Ich musste mich wirklich zusammennehmen, noch dazu, als ich Mathias feixen sah. Hier hatte er einen wunden Punkt entdeckt. Aber für Wuff nahm ich selbst das in Kauf. Wirklich schlimm war nur, dass die Nummer jetzt gar nichts nutzen sollte.

»Warum hast du denn deinem Vater nichts erzählt?«, wollte Leo wissen. »Wenn ihr Anzeige erstattet, erfahrt ihr auch die Adresse.«

Jetzt half nur noch schwindeln. »Die Nummer ist mir erst später wieder eingefallen. Und mein Vater hätte mir das nicht geglaubt.«

Jetzt hatte auch Leo das Grinsen im Gesicht, das mich vorher schon bei Mathias geärgert hatte. »Und ich soll dir das glauben? Sehe ich so dumm aus?«

Dazu sagte ich lieber nichts. Ich versuchte es auch mit Grinsen, aber ich hatte dabei ein flaues Gefühl in der Magengegend. Kann auch sein, dass es Hunger war. Leo war nämlich bereits bei der dritten Portion Spagetti.

»Sag noch mal die Nummer«, forderte er kauend.
»Hm«, machte er dann. »In der Gegend hat mein Meister eine zweite Werkstatt. Vielleicht kann ich mich mal ein bisschen umhören dort. Manchmal gibt's ja komische Zufälle.«

Die nächsten Wochen wuchsen sich allmählich zu einer Katastrophe aus. Wuff lebte sich gegen alle anfänglichen Hoffnungen nicht im Tierheim ein. Er fraß nur, wenn ich dabei war, und wenn ich ihn nach dem täglichen Spazierengehen wieder zurückbringen musste, zerrte er so an der Leine nach der anderen Richtung, dass ich mich dagegenstemmen musste. Ich war nun jeden Tag bei Frau Lorenz. Auch Mathias und Babsi machten mit. Babsi hatte es auf den traurigen Spitz abgesehen und hockte stundenlang bei ihm. Aber Frau Lorenz gab ihr nicht viel Hoffnung. Ausführen konnte sie den Hund nicht. Dabei wäre es prima gewesen, wenn wir zusammen mit den Hunden hätten was unternehmen können. Mathias machte Vertretung, wenn es bei mir absolut nicht ging.

Als Wuff immer weniger fraß und ich seine Augen nicht mehr ertragen konnte, wenn ich wieder heimgehen musste, probierte ich es noch mal bei Herrn Manthey.

»Nein«, sagte der, »und du weißt, warum, Jan.«

»Aber es ist doch nun schon so lange her«, bettelte ich. »Und Babsi wünscht sich auch so sehr ein Tier . . .«

»Nein«, sagte Herr Manthey noch einmal. »Es reicht, wenn Babsi sich um den Hund im Tierheim kümmert.«

Nichts zu machen. Es war zum Verzweifeln.

Leo hatte Wort gehalten. Er war in die andere

Werkstatt gefahren und hatte ein bisschen rumgefragt. Ich wusste nun, wer zu der Autonummer gehörte. »Behalte es lieber für dich, wie ich an die Adresse gekommen bin«, meinte Leo. »Ganz astrein war das nicht. Ich bin mal hingefahren. Ein hundefreundliches Haus ist es nicht gerade, ein Betonsilo. Und die Richters wohnen in der neunten Etage. Berufstätig. Beide. Dein Wuff war ein Balkonhund, der nur früh und abends mal schnell Gassi durfte. So ist das.«
Ferienhund, Balkonhund, Tierheimhund. Das alles verfolgte mich bis in den Traum hinein. Leo hatte eine Nachbarin von Richters ins Gespräch verwickelt und erfahren, dass den Richters der Hund im Urlaub entlaufen sei. In Italien, womöglich auch weggefangen, von Hundefängern.
Mir schwirrte der Kopf. Sollte ich den Leuten Wuff zurückbringen, wenn sie ihn den ganzen Tag allein in der Wohnung ließen? Im neunten Stock!
Unterdessen fuhr ich jeden Morgen vor der Schule zu Frau Lorenz ins Tierheim und mittags auch noch, um Wuff wenigstens ein paarmal zu streicheln. Nachmittags durfte ich mit ihm zwei Stunden wegbleiben. Ich war also vollauf beschäftigt.
In der Schule hörte ich oft gar nicht richtig hin. Wenn Mathias und Babsi nicht gewesen wären, hätte Frau Riekendahl, unsere Klassenlehrerin, schon viel eher mit meinen Eltern ein ernstes Gespräch geführt.
Meine Leistungen waren in dieser Zeit obermies.

Die Hausaufgaben lieferten mir Babsi und Mathias, ich brauchte sie nur abzuschreiben. Aber selbst dabei machte ich noch Fehler.

Frau Riekendahl tauchte bei uns zu Hause auf, als es mir ziemlich schlecht ging. Ich hatte Gliederschmerzen und Fieber, auch der Schnupfen und der Husten ließen sich nicht mehr gut vor Mama verheimlichen.

Seit Tagen bestritt ich heftig eine Grippe zu haben. »Nur ein bisschen erkältet«, behauptete ich und schüttelte das Fieberthermometer auf normalen Stand herunter. Auch vor Frau Lorenz nahm ich mich zusammen, damit sie mir nicht etwa verbot Wuff zu besuchen. Gerade in dieser Zeit musste der Spitz eingeschläfert werden. Er war zum Skelett abgemagert und nicht mehr ansprechbar. Babsi heulte tagelang.

Und nun kam Frau Riekendahl und setzte den Punkt auf das i, wie sich meine Mutter ausdrückte. »Über deine schulischen Leistungen reden wir, wenn du wieder gesund bist«, sagte sie. »Was den Hund betrifft, wirst du dich, auch wenn du wieder gesund bist, auf ein Minimum an Zeit beschränken, damit er sich an das Tierheim gewöhnt wie andere Hunde auch. Basta.«
Ich rannte aufs Klo, weil ich wieder meinen Durchfall bekam. Als ich in mein Zimmer zurückkam, stand meine Mutter schon mit dem Schlafanzug in der Hand da. Ich musste mich ausziehen und ins Bett legen. Beim Fiebermessen stellte sich heraus: 38,9. Da war nichts mehr zu machen. Ich protestierte nicht mal gegen Wadenwickel, nur darauf bestand ich, dass Mama Frau Lorenz anrief. »Und den Doktor!«, sagte sie.
Mir war schon alles egal. Die Sache mit der Schule spielte im Augenblick keine Rolle, das hob sich meine Mutter für später auf. Für sie war jetzt wichtig, dass ich wieder auf die Beine kam. Aber die waren ziemlich wacklig. Ich tastete mich an der Wand entlang, wenn ich aufs Klo wollte. Das musste ich ziemlich oft.
Der Arzt stellte eine Darmgrippe fest. Woher sollte der Mann auch wissen, dass ich immer Durchfall bekam, wenn ich Angst hatte. Und die hatte ich. Was sollte aus Wuff werden, wenn man mich tagelang, vielleicht gar eine Woche oder länger, im Bett festhielt?

Mein Kopf schmerzte bei jeder Bewegung. Mama kam mit Hausmitteln, obwohl ihr der Arzt ein Rezept ausgeschrieben hatte mit Tabletten und Zäpfchen, die schnell wirken sollten. Tee und Wadenwickel bekam ich und nasse Handtücher auf die Stirn.

Wenn ich wenigstens auf diese Weise zum Nachdenken gekommen wäre! Nichts dergleichen. In meinem Kopf schien sich eine ganze Versammlung von Hundetötern, Hundeaussetzern und Frau Eppners aufzuhalten. Alle redeten durcheinander. Ich konnte keinen einzigen klaren Gedanken fassen.

Am Abend setzte sich mein Vater eine Weile zu mir ans Bett. »Papa, der Wuff, können wir ihn nicht...«

»Nein«, sagte mein Vater. »So was führen wir erst gar nicht ein. Du wusstest von Anfang an, dass der Hund nicht bei uns bleiben kann.«

»Papa, bitte, nur ein paar Tage.«

»Nein, Jan. Und werde jetzt erst mal gesund.«

Wenn mein Vater Nein sagt, dann meint er das auch so. Ich musste einen anderen Ausweg suchen.

Das war schwierig, wenn einem der Kopf so brummt und man vor Hitze am liebsten das Deckbett aus dem Fenster schmeißen möchte.

Als meine Mutter mir wieder frische Wadenwickel verpasste, bat ich sie Babsi Bescheid zu sagen und Mathias auch.

Sie sollten sich inzwischen um Wuff kümmern.
»Geht in Ordnung«, sagte meine Mutter. »Ich rufe sie an. Frau Lorenz weiß schon Bescheid.«
»Und? Was sagt sie?« Ich musste gerade Kamillentee schlucken und verbrannte mir die Zunge, weil ich nicht aufgepasst hatte.
»Sie will sich um deinen Hund besonders gut kümmern.«
Alles Schwindel, dachte ich. Sie wollen mich nur beruhigen. Ich soll schön brav im Bett liegen bleiben und abwarten, bis mein Fieber weg ist. Tante Uschis Hausrezepte und Mamas Wadenwickel – das würde ja ewig dauern. So lange konnte ich nicht warten.
Meine Mutter löschte das Licht. »Ich schau immer mal bei dir rein, Jan. Schlaf dich erst mal gesund. Mach dir keine Sorgen, wir reden über alles, wenn du wieder auf den Beinen bist.« Dann zog sie die Tür leise hinter sich zu.
Ich war froh, als ich wieder allein war. Wadenwickel gibt's sicher heute nicht mehr, dachte ich. Meine Mutter hatte gesagt, bei solchen Infektionen gehört Fieber dazu, um die Krankheit auszuheilen. Nur zu hoch darf es nicht werden.
Immer wenn Mama leise an mein Bett kam, stellte ich mich schlafend. Aber schlafen konnte ich nicht. Wenn sie wieder draußen war, steckte ich die Beine aus dem Bett, weil das ein bisschen abkühlte. Mir war nämlich ein Ausweg eingefallen, der das Fieber betraf.

Aber dazu mussten meine Eltern erst mal fest eingeschlafen sein.

Dieser Ausweg hieß Hausapotheke.
Ich wusste, wo meine Mutter im Badezimmer den Schlüssel zum Medikamentenschränkchen aufbewahrte. Dort war eine Menge Tabletten, die sicher gut gegen meine Erkältung wirkte. Lächerlich, von Darmgrippe zu reden. Ich hatte mich erkältet, als ich mit Wuff im Regen durch den Park rannte. So einfach war das. Durchfall hatte ich nur aus Angst, was jetzt mit Wuff wurde. Als mir das mit der Hausapotheke einfiel, war ich beinahe gesund. Drei, vier Tage, länger musste ich da nicht zu Hause bleiben. Das überstand Wuff bestimmt.
Meine Mutter schien aber an diesem Abend überhaupt nicht ins Bett gehen zu wollen. Ich drehte mich zur Wand um. Wenn sie in mein Zimmer kam, sollte sie nicht sehen, dass ich noch wach war. Ein paarmal befühlte sie vorsichtig meine Stirn. Ihre Hand war schön kühl, und wenn ich Mama nicht hätte aus dem Zimmer haben wollen, dann hätte sie stundenlang ihre Hand auf meiner Stirn liegen lassen können.
Irgendwann war ich doch eingeschlafen, obwohl ich mich unbedingt hatte wach halten wollen. Das war schrecklich, weil ich ganz fürchterliches Zeug träumte ...

Herr Manthey hat Wuff an den Hinterläufen gepackt und will ihn gegen sein Auto schleudern ... ich hänge mich an seinen Arm und schreie immer: Hundetöter, Tierfeind! ... warum ist Herrn Mantheys Auto jetzt ein blauer Opel ... und die Autonummer ... 14 – 14 – 14 – 14 ... Herr Manthey hat Wuff aus dem Auto geschubst ... ich weiß es jetzt ganz genau ... Frau Eppner bringt mir eine große Schüssel: Die Steaks sind nur für Mr Spencer, verstanden! ... Wuff steht auf einem Balkongeländer im neunten Stock ... nicht springen, Wuff! Ich komme sofort ... die Autonummer heißt 14 ... ich halte die Schüssel mit den Steaks in der Hand ... Wuff ist gesprungen ... aus dem neunten Stock ... er liegt auf dem Pflaster ... Herr Manthey nimmt mir das Fleisch aus der Hand. Die Steaks waren nicht für deinen Hund bestimmt ... Wuff! ... ich weiß doch die Autonummer ...

Mamas kühle Hand tat gut. Sie saß im Bademantel auf meiner Bettkante und hielt das Fieberthermometer gegen die Leselampe, über die sie ein Tuch gehängt hatte. »Immer noch 38,2«, sagte sie. »Du hast ganz schön phantasiert.«

Ich sagte lieber nichts. Erst musste ich rauskriegen, ob ich im Schlaf was verraten hatte. Es war schon morgens. Mein Vater machte Frühstück, während meine Mutter bei mir saß.

»Mir geht's schon viel besser«, sagte ich. Überzeugend klang das sicher nicht.

Bevor mein Vater zur Arbeit ging, schaute er zu mir herein. »Du machst vielleicht Geschichten«, sagte er. Er sah echt besorgt aus, weil ich sonst kaum mal was Ernstes gehabt hatte. »Was ist denn das für eine Nummer, von der du dauernd geredet hast?«, fragte er dann.

Ich sah, wie Mama ihm mit ihrem Hausschuh einen Schubs gegen das Bein gab. Aha, hier sollte ich also ahnungslos bleiben. Ich spielte mit, obwohl mir der Kopf brummte und das Deckbett viel zu warm war. »Weiß nicht. Was denn für eine Nummer?«

»Ach, nichts«, sagte mein Vater. »Werde nur schnell gesund.«

»Mach ich, Papa«, sagte ich. Und das meinte ich auch wirklich. Da brauchte ich gar nicht zu schwindeln.

Aber das Gesundwerden hatte auch eine schlechte Seite: Meine Eltern würden mir Fragen stellen, das war sicher. Ich gab mir drei Tage, um mich auf die Antworten vorzubereiten. Länger durfte ich Wuff nicht allein lassen.

Meine Mutter rief in ihrem Büro an und nahm meinetwegen einen Tag frei. Trotzdem ließ sie mich eine Stunde allein, um einzukaufen. Vor allem noch mehr Tee, gegen Husten, Durchfall und so. Und außerdem sollte ich inhalieren. Dafür brauchte sie allerhand Zeug aus der Apotheke.

»Wir haben doch die Tabletten und Zäpfchen«, sagte ich.

»Brauchen wir nicht«, meinte meine Mutter. »Tante Uschis Hausmittel haben keine Nebenwirkungen.«

Als sie aus dem Haus war, stieg ich aus dem Bett. Ich ging ins Badezimmer und angelte mir den kleinen Schlüssel zur Hausapotheke vom Schrank herunter. Beinahe wäre ich vom Hocker gefallen, weil mir schwindlig wurde. Aber ich war zufrieden mit dem, was ich in dem Medizinschränkchen vor mir sah. Eine ganze Menge Tabletten und Pillen. Meine Mutter war nämlich gegen Tabletten und verbrauchte fast nichts, hob aber alles auf.

Ich wollte lesen, wogegen die Tabletten waren, aber mir verschwamm die Schrift vor den Augen. Ich guckte nur, ob ich was von Schmerzen oder grippalem Infekt las. Und weil ich auf keinen Fall riskieren durfte, dass meine Mutter etwas merkte, nahm ich aus den Tablettenröhrchen und aus den

Folienpackungen immer nur eine oder zwei heraus. Da hatte ich mindestens zwanzig Stück als Vorrat. Die halfen bestimmt.

Mein Vater hatte mal gesagt: »Gib mir irgendwas, damit die Kopfschmerzen aufhören. Ist ja sowieso alles egal . . .«

Daran hielt ich mich. Ich steckte die Tabletten in die Tasche meines Schlafanzugs, wickelte sie aber vorher in Klopapier ein, damit sie nicht zerbröckelten. Dann legte ich den Schlüssel zurück und stellte den Hocker ordentlich hin.

Als ich wieder im Bett war, schwitzte ich gewaltig. Mich hatte das bisschen Auf-den-Hocker-Steigen ganz schön angestrengt. Wurde höchste Zeit, dass das aufhörte.

Die Tabletten und Pillen versteckte ich unter der Matratze. Das Kopfkissen war als Versteck zu unsicher, weil meine Mutter dauernd daran herumschüttelte, damit ich auch gut liegen konnte. Zwei von den weißen Tabletten nahm ich gleich. Ich schluckte nicht gern Tabletten, aber es ging, wenn ich genug dazu trank.

Als meine Mutter wieder nach Hause kam, fühlte ich mich prima. Mir war, als würde ich schweben, und der Kopf tat fast nicht mehr weh. Mama steckte mich mit einem Topf dampfenden Kamillentees unter ein Badetuch. Ich musste das Zeug einatmen. Davon sollten der Husten und der Schnupfen weggehen. Ich wehrte mich nicht.

Sollte sie ruhig denken, ihre Hausmittelchen hät-

ten so eine gute Wirkung. Hauptsache, ich kam recht schnell aus dem Bett raus.
Vorsichtshalber nahm ich gleich nach dem Inhalieren noch zwei Stück von dem Tablettenvorrat unter meiner Matratze. Das Fieber ging tatsächlich zurück. Beim nächsten Messen hatte ich nur noch erhöhte Temperatur.
Ich war restlos zufrieden. Wenn ich so weitermachte, war das Fieber bis zum Abend weg. Und dass mir ein bisschen schlecht wurde, störte mich nicht. Eher, dass ich so müde wurde. Vielleicht hatte ich gerade ein paar falsche Tabletten erwischt. Vorsichtshalber nahm ich noch einige. Irgendwas wird schon dabei sein, das hilft, dachte ich.

Ist euch schon einmal der Magen ausgepumpt worden?
Ich kam wieder zu mir, als sie das im Krankenhaus mit mir machten. Übergehen wir dieses peinliche Ereignis, bei dem ich dachte, sie drehen alles in mir von innen nach außen. Als ich dann endlich im Bett lag, war ich reif für wahrheitsgemäße Aussagen.
An überlegte Antworten war nicht zu denken. Mama spielte verrückt, Papa stand wortlos dabei. Aber er hatte seinen Unmöglich-Blick und der bezog sich diesmal direkt auf mein Verhalten in den letzten Tagen und Wochen.
»Wie lange wird's dauern?«, fragte mein Vater den Arzt, der gerade noch mal meinen Puls fühlte.

»Lassen Sie ihn ein paar Tage hier«, sagte der Arzt. »Da kann er gleich seine Erkältung ordentlich auskurieren.«

Ein paar Tage, wie lange war das? Schonzeit für mich gegen allzu viele Fragen und Vorwürfe. Aber was würde aus Wuff?

Ich traute mich nicht nach Wuff zu fragen. Ich sagte nur: »Bitte, Mathias und Babsi sollen mich heute besuchen.«

»Heute und morgen noch nicht«, bestimmte der Arzt. »Vielleicht übermorgen.«

Ich drehte den Kopf zur anderen Seite. Mein Bedarf war für heute gedeckt. Ich wollte jetzt meine Ruhe haben. Im Krankenhaus würden die eher mit Tabletten herausrücken als meine Mutter. Die wollten doch Erfolge sehen!

Aber da hatte ich mich gewaltig getäuscht. Nachdem meine Eltern endlich aus dem Zimmer waren, setzte sich eine Krankenschwester auf den Stuhl neben meinem Bett.

»Haben Sie mal was gegen meine Kopfschmerzen?«, fragte ich. Mein Herz klopfte wie ein Hammer, als ich die Frage stellte.

»Ich mach dir einen kalten Umschlag«, sagte die Krankenschwester. »Ich bin übrigens Schwester Dora.«

»Umschlag hilft nicht«, sagte ich. »Davon hab ich genug von meiner Mutter gekriegt.«

Schwester Dora rannte nicht gleich los, um mir einen kalten Umschlag zu machen. Sie nahm ihr

Strickzeug, das sie auf einem Tisch abgelegt hatte, und begann die Maschen auf der Nadel zu zählen. Ich wurde ganz wütend, weil sie sich so schlecht um mich kümmerte. Mir war schlecht und am liebsten wäre ich aufs Klo gerannt. Aber erstens war in meinem Bauch und in den Därmen nichts mehr drin und zweitens wusste ich nicht, wo das Klo war.
»Krieg ich nun was?«, fragte ich wütend.
Schwester Dora unterbrach ihre Zählerei. »Merk dir mal die Zahl; hundertzweiundzwanzig Maschen waren es bisher.«
Ich hätte am liebsten ein ganz unanständiges Wort gesagt. Was ging mich das Strickzeug an!
»Wie wäre es denn mal mit reden?«, fragte Schwester Dora.
»Jetzt nicht. Ich hab genug geredet.«
»Na, dann eben später«, meinte sie. »Ich dachte nur, ich könnte dir ein bisschen helfen.«
Helfen! Das Wort war wie ein Paukenschlag. Ich kniff die Augen einen Spalt zusammen und betrachtete die Frau. Nach ein paar Minuten war ich zu einem Entschluss gekommen. »Mögen Sie Hunde?«, fragte ich.
»Ja. Warum?«
»Könnten Sie mir einen Gefallen tun?«
»Wenn es geht, ja.«
So einfach war das mit Schwester Dora. Damit hatte ich nicht gerechnet.
»Könnten Sie nicht meinen Wuff nehmen?«,

fragte ich, als ich erzählt hatte, was sie wissen musste.
»Nein«, sagte Schwester Dora. »Das geht nicht. Ich wohne hier im Schwesternheim. Aber ich werde deinen Hund besuchen und vielleicht erlaubt mir Frau Lorenz, dass ich mit ihm spazieren gehe. Ich erzähle dir dann genau, wie alles war. Mit deinen beiden Freunden rede ich auch. In Ordnung?«
»In Ordnung, Schwester Dora.« Ich war sehr müde.
Irgendwie kam ich wieder in diesen Schwebezustand und ich hatte Angst, ich könnte wieder so ein fürchterliches Zeug zusammenträumen und im Schlaf reden.
»Schlaf doch ein bisschen, Jan«, sagte Schwester Dora. »Du willst doch schnell gesund werden.«
Ich schloss die Augen. Gesund werden, ja, das war jetzt wichtig.

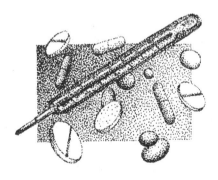

Ich bekam doch schon am nächsten Tag Besuch. Babsi hatte Schwester Dora herumgekriegt.
»Bist du blöd!«, schimpfte sie, noch bevor sie mich richtig begrüßt hatte. »Da konntest du draufgehen. Tablettenvergiftung, so ein Schwachsinn!«
»Mit Wadenwickeln kriegst du kein Fieber runter«, sagte ich. »Es ging um Wuff. Hast du dich um ihn gekümmert?« Mir fiel das Reden schwer, weil mein Rachen durch das viele Husten rau war und wehtat.
»Keine Sorge, der kriegt mehr Besuch als du. Frau Lorenz muss schon abbremsen.«
»Mich vermisst er gar nicht?« Ich war fast ein bisschen eifersüchtig. Und Babsi sagte auch nicht gerade das, was ich hören wollte.
»Was willst du eigentlich? Erst drehst du durch, weil keiner deinen Hund besuchen kann, und jetzt ist es dir auch wieder nicht recht.«
Mir fiel in diesem Moment ein, dass mir allerhand Unangenehmes bevorstand. Mein Vater hatte sich zum Beispiel noch nicht dazu geäußert, warum ich ihm die Autonummer nicht gesagt hatte, obwohl er doch mehrmals danach gefragt hatte. Ich beschloss doch noch einen oder zwei Tage länger krank zu bleiben. Mein Fieber war zwar weg, aber sonst fühlte ich mich bei den Gedanken an alles, was mir bevorstand, obermies.
»Du siehst noch käsig aus«, bestätigte Babsi meinen Zustand. Aber sie legte mir gleichzeitig die Hausaufgaben aufs Deckbett. »Trotzdem kannst

du dich ruhig ein bisschen beschäftigen, das lenkt ab. Und Hausaufgaben abschreiben, das ist nicht mehr, ab sofort.«

Mir blieb ja noch die Hoffnung auf Mathias. Doch die wurde durch Babsis nächsten Satz zunichte gemacht. »Mathias meint das auch.«

Schöne Aussichten! Ich war total sauer.

Babsi ging bald wieder, nachdem sie mir Grüße von Frau Riekendahl ausgerichtet hatte, die sich künftig mehr um mich kümmern wollte, damit ich den Anschluss wieder kriegte. Bei so viel Um-mich-Kümmern blieb mir ja kaum noch eine Minute für mich.

Der einzige Lichtblick an diesem Tag war Schwester Dora. Sie hatte ein Sofortbild machen lassen, als sie Wuff ausführte. Das Foto stand jetzt auf meinem Nachttisch. Wuff schien mich anzuschauen. Vielleicht ahnte er, dass er für mich fotografiert wurde.

Als mein Vater mich nach der Arbeit besuchte, sah er das Foto sofort. »Hast du hier auch schon wieder Wirbel gemacht?«, fragte er. Er behandelte mich wie jemanden, der total gesund ist. Mir wäre Schonzeit lieber gewesen.

»Und was nun?«, fragte er.

Mir blieb nichts anderes übrig als einzugestehen, dass ich die Autonummer nur verschwiegen hatte, um Wuff wenigstens für die Ferien behalten zu können.

»Das war egoistisch von dir«, sagte mein Vater.

»Damals hätten wir noch was unternehmen können. Jetzt bleibt dem Hund nur das Tierheim.«
»Ich besuche ihn doch jeden Tag«, sagte ich.
»Auch das muss sich ändern, Jan. Du vernachlässigst alle deine anderen Pflichten. Nicht mal lesen willst du, denkst nur noch an den Hund.«
»Ich bin krank«, wehrte ich mich. »Bestimmt regt mich das wieder auf und ich krieg Fieber.«
Mein Vater schaute mich mit dem Unmöglich-Blick an, er fand mein Verhalten unmöglich. Es war besser, über etwas anderes zu reden. Über Tante Uschi zum Beispiel. Mama hatte mir bei ihrem Besuch am Nachmittag die Ansichtskarte mitgebracht, die gerade angekommen war. Aus Afrika. Unter der Karte stand: Liebe Grüße von Tante Uschi, Onkel Stefan und Ferdinand. Die Karte war an mich adressiert.
Tante Uschi gefiel es, sich mal andere Länder anzuschauen. Aber irgendwie schien es mir doch, als hätte sie Heimweh. Da stand nämlich der Satz: Die drei Jahre gehen schnell um.
Drei Jahre konnte Wuff nicht warten.
»Ich werde feststellen, wer der Besitzer des Hundes ist«, sagte mein Vater. »Jetzt, wo ich die Nummer kenne...«
Mir lief ein Schauer über den Rücken. Nun half nur noch Farbe zu bekennen. »Brauchst du nicht, Papa«, sagte ich. »Das weiß ich schon. Die Leute wohnen im neunten Stock.«
Mir blieb aber auch nichts erspart. Schließlich hatte

mich mein Vater ausgequetscht wie eine Zitrone. Komischerweise fühlte ich mich danach besser.
»Hast du dir mal überlegt, dass die Leute ihren Hund wirklich nur vergessen haben könnten? Vielleicht sind sie umgekehrt, als sie das merkten...«
»Nein!«, sagte ich. »Du selbst hast damals Ferienhund gesagt.«
Daran schien sich mein Vater überhaupt nicht mehr erinnern zu wollen. »Ich könnte mich ja geirrt haben«, gab er zu. »Wenn du wieder auf den Beinen bist, fahren wir hin.«
»Ich möchte mit Leo hinfahren«, sagte ich. »Und mit Mathias.«
»Werde erst mal gesund, alles andere ist jetzt Nebensache.«
Wären die schlimmen Gedanken nicht gewesen, wir hätten den Richters vielleicht doch den Hund vorenthalten, ich glaube, ich wäre sofort aus dem Bett gesprungen und mit meinem Vater nach Hause gegangen. Aber so brauchte ich Zeit zum Nachdenken. Schwester Dora störte nicht dabei. Sie half sogar. Inzwischen wusste sie über alles Bescheid.
»Probieren musst du es auf jeden Fall. Du hättest sonst nie Ruhe, Jan. Dann würde dich dauernd dein schlechtes Gewissen plagen. Du bist doch jetzt froh, dass du keine Geheimnisse mehr mit dir rumschleppen musst.«
Da hatte sie Recht.
»Erzählen Sie mir noch ein bisschen was, bevor ich schlafen muss?«

Sie zog den Stuhl näher an mein Bett und holte ihr Strickzeug. Maschen brauchte sie diesmal nicht zu zählen und ich musste mir keine Zahl merken. Vom Zahlenmerken hatte ich genug.
»Ich hab da so eine Idee«, sagte Schwester Dora, als sie eine Weile gestrickt hatte. »Die kam mir, als ich mit Frau Lorenz an den Käfigen vorbeiging. Da sind so viele schöne Tiere, die anderen Leuten Freude machen könnten. Leuten, die wirklich einen Hund oder eine Katze möchten und die sich auch drum kümmern. So ein Tier braucht das nämlich. Nicht nur Futter hinstellen, schnell Gassi gehen und aus. Da werden doch manchmal in einer Fernsehsendung Tiere vorgestellt und dann rufen Menschen an, denen die Hunde oder Katzen gefallen. Es wird genau geprüft, ob auch alle Voraussetzungen stimmen, damit so ein armes Tier nicht gleich wieder im nächsten Heim landet.«
Ich sagte: »Aber wenn die Leute sehr weit weg wohnen und ich dann den Wuff nie wieder sehe?«
»Du liebst deinen Hund nicht«, sagte Schwester Dora. »Du denkst nur an dich. Egoismus nennt man das.«
Das traf mich. »Ich denke immerzu an Wuff«, wehrte ich mich.
»Denk mal nach«, sagte Schwester Dora. »Wenn man jemanden richtig lieb hat, kann man doch auch verzichten, wenn es für den anderen gut ist.«
»Woher wollen Sie denn wissen, ob fremde Leute für Wuff gut sind?«

Schwester Dora sagte erst mal gar nichts. Sie strickte und zählte wieder ihre Maschen. »Morgen sind wir zwei nicht mehr allein«, sagte sie dann, ohne noch einmal auf Wuff zurückzukommen. »Da wird das andere Bett belegt. Ein Junge, der vor zwei Tagen operiert worden ist. Er liegt heute noch auf der Intensivstation.«

»Was hat er denn?«, wollte ich wissen. Mich störte es ein bisschen, dass sich Schwester Dora ab morgen nicht mehr so viel mit mir unterhalten konnte. Da war sicher der andere Junge wichtiger.

»Er hatte einen schweren Verkehrsunfall. Es wird lange dauern, bevor Thomas wieder laufen kann. Jetzt kann er nicht mal die Beine bewegen. Alles in Gips. Also sei nett zu ihm.«

»Ich geh ja sowieso bald nach Hause«, sagte ich. »Da kommt's gar nicht mehr drauf an, ob ich nett zu ihm bin oder nicht.«

Schwester Dora streifte mich mit einem Blick, der mir den Kopf heiß werden ließ. Als sie das Licht löschte und ich allein im Zimmer war, stellte ich mir die entscheidende Frage: Habe ich Wuff so lieb, dass ich auf ihn verzichten könnte, wenn er eine Familie bekäme, wo er ganz glücklich wird? Eine Antwort fand ich an diesem Abend nicht.

Ich wollte nach Hause.
Der Arzt vertröstete mich. Mein Kreislauf sei noch nicht stabil und meine Erkältung sei zwar abgeklungen, aber ...
Alles Ausreden. Ich hustete kein bisschen mehr. Mein Schnupfen war weg, und was den Kreislauf betraf, so konnte ich ohne Mühe über die Gänge im Krankenhaus flitzen, ohne dass mir schlecht wurde. Ich wollte in Form bleiben.
Der fremde Junge im zweiten Bett des Zimmers redete kaum ein Wort. Das trieb mich aus dem Zimmer, sooft es ging. Schwester Dora saß jetzt mit ihrem Strickzeug an seinem Bett. Ich sah das gar nicht gern.
Als ich wieder mal im Korridor auf und ab lief, zog sie mich ins Schwesternzimmer. »Du bist unfair, Jan.«
»Morgen darf ich nach Hause«, sagte ich, ohne auf ihren Vorwurf einzugehen. »Meine Mutter hat mir schon die Sachen gebracht.«
»Was hat das damit zu tun?«
»Da können Sie sich dann den ganzen Tag um Thomas kümmern.«
Schwester Dora schaute mich wieder mit so einem Blick an, der mich zum Schwitzen brachte. »Okay«, sagte ich. »Jetzt ist er dran. Ich werde mich mal mit ihm unterhalten.«
Später, als ich wieder in meinem Bett lag, fragte ich ihn: »Magst du Hunde?«
Er drehte mir den Kopf zu. »Ja. Alle Tiere.«

»Hast du einen?«

»Was? Einen Hund? Nein, dazu ist unsere Wohnung zu klein. Das ist Tierquälerei, wenn kein Platz da ist.«

Thomas lebt mit seiner Mutter in einer kleinen Zweizimmerwohnung, erfuhr ich. Seine Mutter arbeitet bis spät in die Nacht als Serviererin und braucht tagsüber ihre Ruhe.

»Hast du keinen Vater?«, fragte ich. Aber mir war die Frage nur so rausgerutscht. Konnte ich mir doch denken, wenn er nur von seiner Mutter redete.

»Geschieden«, sagte Thomas kurz. »Hat wieder geheiratet, mein Vater. Wir kommen auch so zurecht.«

Ich wollte ihn auf andere Gedanken bringen. »Wie ist denn das passiert mit deinem Unfall?«

Thomas drehte den Kopf weg. »Ich hab nicht aufgepasst. Mit dem Fahrrad. Meine Schuld. Vielleicht kann ich nie mehr richtig laufen.«

Da hatte ich was Schönes angerichtet. Jetzt wünschte ich mir sehr, Schwester Dora würde kommen und sich nur um Thomas kümmern. Wie brachte ich ihn nun auf andere Gedanken?

Ich stieg aus meinem Bett, zog den Bademantel an und setzte mich auf den Stuhl von Schwester Dora.

»Was soll denn das?«, fragte Thomas. »Willst du mich etwa trösten?«

»Nein«, sagte ich. »Ich brauche deinen Rat. Wie alt bist du eigentlich?«

»Zwölf. Und?«
Nun erzählte ich ihm die ganze Geschichte von Wuff. »Könntest du auf so einen Hund einfach verzichten?«, fragte ich schließlich, als ich alles gesagt hatte.
Ich war auf ein Ja gefasst und fürchtete mich davor.
»Ich weiß nicht«, sagte Thomas. »Ich hab so was noch nie erlebt. Und schließlich bist du ja für den Hund verantwortlich.«
Ja, das war es. Ich war für Wuff verantwortlich. Und deshalb musste ich auch ganz allein entscheiden.
Als ich am nächsten Tag nach Hause gehen durfte, fragte mich Thomas: »Besuchst du mich mal, damit ich erfahre, was aus deinem Hund geworden ist?«
»Klar. Aber ich hätte dich auch so besucht.«
Auf der Heimfahrt vom Krankenhaus bettelte ich so lange, bis meine Mutter schließlich nachgab. Wir fuhren zum Tierheim. »Aber höchstens zehn Minuten, nicht länger.«
Ich nahm mir kaum Zeit Frau Lorenz zu begrüßen und rannte die Käfigreihe entlang. Wuff musste schon geahnt haben, dass ich komme. Er riss mich bald um, als ich das Türchen öffnete. Ich konnte nicht genug kriegen davon, ihm das weiche Fell zu kraulen. »Ich komme jetzt wieder jeden Tag«, versprach ich ihm. »Aber du musst auch gut fressen, hörst du? Du bist mager geworden.«

Wirklich, Wuffs Fell glänzte nicht mehr so und er wirkte nicht mehr so kräftig wie früher. Das sollte sich wieder ändern.

»Jan! Die zehn Minuten sind um«, rief meine Mutter.

Wenn ich keine Verbote riskieren wollte, musste ich mich sofort von Wuff verabschieden. »Ich komme wieder. Morgen schon!« Dann schob ich ihn in seinen Zwinger und schloss die Tür. Er jaulte enttäuscht. Sicher hatte er erwartet, ich würde mit ihm durch den Park laufen.

Mir tat es weh, ihn zu enttäuschen. Und ich wusste, ich würde ihn noch oft enttäuschen müssen. Harte Zeiten kamen auf mich zu, das hatte Mama schon angedeutet. Erst Schulaufgaben, dann alle anderen Pflichten und dann erst Wuff. Es ging auf den Winter zu, da wurde es schon am späten Nachmittag dunkel. Blieb eigentlich nur das Wochenende. Ich wusste, Wuff würde darunter leiden. Und mir kam immer wieder das Wort Egoismus in den Sinn, das Schwester Dora gebraucht hatte. Das stimmte nicht. Ich dachte gar nicht an mich, sondern an Wuff!

Am Montag sollte ich wieder in die Schule gehen. Babsi brachte mir die Hausaufgaben, ohne Lösung, versteht sich. Mathias half mir heimlich, weil ich sonst nie fertig geworden wäre.
»Dein Vater hat mit Leo gesprochen«, verriet mir Mathias. »Am Samstag fahren wir zu den Richters.«
»Mit meinem Vater?«
»Nein. Nur du, ich, Babsi, Leo und Wuff. Mehr passen nicht ins Auto.«
»Warum Babsi?«
»Warum nicht?«, fragte Mathias dagegen. »Sie braucht auch mal eine Abwechslung. Seit der Spitz im Tierheim eingeschläfert worden ist, wirkt sie richtig trübsinnig.«
Ob ich auch trübsinnig werden würde, wenn wir am Samstag den Wuff vielleicht bei den Richters lassen mussten? Im neunten Stock und nur ein kleiner Balkon?
Am Abend ging ich zu Babsi. Als ich bei Mantheys klingelte, öffnete Babsis Mutter.
»Na, alles wieder in Ordnung, Jan? Wir hatten richtig Angst um dich.«
»Alles in Ordnung«, sagte ich kurz, weil ich keine weiteren Fragen hören wollte. »Ist Babsi da?«
Sie kam schon angerannt, weil sie mich mit ihrer Mutter reden hörte, und zog mich in ihr Zimmer.
»Weißt du es schon? Wir fahren am Samstag mit Leo...«
»Weiß ich.«

Ich wollte das Gespräch auf ihren Tierheim-Spitz bringen, wusste aber nicht, wie. Da fing sie selbst damit an.

»Ich konnte nicht mit ansehen, wie er sich rumquälte«, sagte sie. »Frau Lorenz hat mir die Entscheidung überlassen. Ich hätte noch ein paar Tage warten können.«

Das machte mich sehr nachdenklich. Ich könnte bestimmt auch nicht mit ansehen, wenn Wuff immer dünner würde und sein Fell immer struppiger.

»Bringen wir es eben hinter uns am Samstag«, sagte ich zu Babsi. »Aber wir schauen uns die Leute ganz genau an.«

Babsi nickte nur. Ihr saß jetzt sicher auch ein Kloß in der Kehle.

Als ich wieder nach oben in unsere Wohnung wollte, traf ich Herrn Manthey im Treppenhaus. Er kam gerade von der Arbeit. »Du machst ja Sachen!«, sagte er.

Ich wagte einen letzten Versuch. »Könnte nicht Wuff wenigstens...«

Herr Manthey schaute mich an. Nicht böse. Nur traurig. Dann schüttelte er den Kopf.

Nein, keine Chance.

Wuff saß zwischen Babsi und mir, als wir am Samstag zu den Richters fuhren. Wir brauchten nicht mal eine Stunde, weil Leo sich gut auskannte. Es war ein Neubaugebiet mit hohen Häusern. Wohnsilos nannte sie Leo. Ich hatte von vornherein eine Abneigung dagegen. Im Fahrstuhl wurde mir regelrecht schlecht. Wenn das so weitergeht, dachte ich, kriege ich gleich wieder meinen Durchfall.

Im neunten Stock hielt der Fahrstuhl. Wuff drückte sich an meine Beine, er hatte den Schwanz zwischen die Hinterläufe geklemmt und fiepte aufgeregt. Das machte er immer, wenn er Angst hatte.

Als wir aus dem Fahrstuhl stiegen, meinte Leo: »Es ist besser, ich klingle erst mal und der Hund bleibt vorerst in Deckung.«

»Aber ich komme mit!« Darauf bestand ich.

Mathias und Babsi hielten Wuff fest und warteten am Treppenaufgang. Dort konnte sie niemand von der Wohnungstür aus sehen.

Wuff benahm sich aufgeregt. »Kein Laut!«, sagte ich zu ihm. »Sitz!«

Das kannte er. Ich hatte es ihm in den Ferien bei Tante Uschi beigebracht.

Dann ging ich mit Leo den langen Gang entlang. Hier möchte ich nicht wohnen, dachte ich. Und für einen Hund ist das auch nicht das Wahre.

Leo klingelte. Ich hoffte, es würde keiner zu Hause sein. Dann hörte ich aber Geräusche hinter der Tür.

Sie wurde einen Spaltbreit geöffnet. Die Sicherheitskette wurde nicht losgehakt. Eine Frau sagte: »Bitte, was wollen Sie?«
Leo stellte sich ordnungsgemäß vor. »Es geht um Ihren Hund«, erklärte er.
»Wir haben keinen Hund.«
»Aber Sie hatten einen«, sagte Leo.
Frau Richter hakte die Sicherheitskette aus und rief ihren Mann.
»Lothar, kommst du mal? Hier ist jemand wegen einem Hund.«
Sie bat uns nicht in die Wohnung. Ihr Mann kam zur Tür. Er trug einen Jogginganzug, aber zum Joggen war er viel zu dick.
Leo sagte noch einmal: »Es geht um Ihren Hund, Herr Richter.«
»Der ist uns in Italien weggelaufen, geklaut worden oder wer weiß was.« Herr Richter tat gleichgültig.
Ich hielt es nicht mehr aus und platzte dazwischen: »Das war nicht in Italien, das war noch in Deutschland auf dem Parkplatz. Haben Sie das nicht gemerkt?«
Leo stieß mich mit dem Fuß gegen das Schienbein. Jetzt hatte ich, glaube ich, was falsch gemacht.
»Nein, nein«, sagte Herr Richter. »In unserem Urlaubsort hatten wir ihn noch ein paar Tage.«
In diesem Augenblick kam Wuff angerannt und hinter ihm Babsi und Mathias. Wuff setzte sich neben meine Füße und fiepte aufgeregt.

»Er war nicht mehr zu halten«, entschuldigte sich Mathias.

»Soll das etwa unser Hund sein? Diese Promenadenmischung?«, fragte Frau Richter spitz.

Jetzt gab ich Wuff einen kleinen Schubs. Er verstand sofort und lief in die Wohnung, ohne auf die Richters zu achten. Ich sah, wie er schnurstracks auf die Balkontür im Wohnzimmer zusteuerte und sie mit der Schnauze aufstoßen wollte. Natürlich war die Tür zu. Es war ja Winter geworden und ziemlich kalt.

Ich nutzte die Verblüffung der Richters aus und ging zum Angriff über.

»Wuff kennt sich ja gar nicht schlecht aus bei Ihnen, Frau Richter.«

»Wuff? Ich habe es schon einmal gesagt, unser Hund war keine solche – na ja, jeder hat halt einen anderen Geschmack. Außerdem hieß er Prinz. Er hat meiner Mutter gehört, aber sie ist jetzt im Altersheim.«

Sie hatte das ziemlich laut gesagt. Wuff hörte den Namen: Prinz. Sofort kam er angelaufen und sprang an der Frau hoch.

»Platz! Sofort Platz, Prinz!«, rief Herr Richter. Und Wuff gehorchte.

»Braucht es noch einen besseren Beweis?«, fragte Leo böse.

»Das beherrscht jeder Hund«, sagte Herr Richter.

»Unserer ist es jedenfalls nicht.«

»Ich habe ihn aber bei Ihnen im Auto gesehen«, rief

ich empört. »Und ich habe mir Ihre Automarke und die Nummer gemerkt.«
Das war ein Fehler.
»Ach so?«, fragte Herr Richter spöttisch. »Und warum kommst du da erst jetzt an mit dem Köter?«
Was sollte ich dazu sagen? Ich war ganz schön in der Klemme, das könnt ihr mir glauben. Jetzt hätte ich es ganz gern gehabt, wenn mein Vater dabei gewesen wäre. Der hätte sicher einen Ausweg gefunden.
Leo rettete die Situation. »Der Hund war inzwischen in einem Tierheim. Sie mussten ja schließlich erst gefunden werden.«
»Unser Prinz ist das nicht!«, sagte Frau Richter. »Und wenn Sie glauben, Sie könnten uns was anhängen, dann sind Sie an der falschen Adresse. Wir haben nichts damit zu tun.«
Sie zerrte ihren Mann in die Wohnung zurück und wollte uns die Tür vor der Nase zuknallen. Aber Herr Richter beleidigte uns auch noch. »Anderen Leuten die Tiere wegfangen und sie dann an Tierliebhaber verscheuern, das könnt ihr. Nichts weiter!«
Was jetzt kam, hätte ich Babsi nicht zugetraut. Während Mathias nur dastand und die Lippen fest aufeinander presste, stellte sich Babsi vor dem großen dicken Herrn Richter auf und sagte: »Sie Hundeaussetzer! Bei Ihnen würden wir den Hund jetzt sowieso nicht mehr lassen. Wuff ist viel zu

schade für Sie. Aber anzeigen werden wir Sie. Beim Tierschutzverein. Und da können Sie ganz schön Ärger kriegen. So ein Hund ist kein Spielzeug. Den können Sie nicht einfach wegschmeißen, wenn Sie genug von ihm haben. Es gibt nämlich ein Tierschutzgesetz!«

Leo fasste Babsi an der Schulter und zog sie zurück. »Lass, Babsi, solche Menschen schaffen sich hoffentlich nie wieder ein Tier an. Kommt, wir gehen.«

Mir war schlecht.

Ich hätte dringend aufs Klo gemusst. Aber diese Leute konnte ich unmöglich fragen, ob ich mal ihre Toilette benutzen durfte.

»Reg dich ab, Jan«, sagte Leo im Fahrstuhl zu mir. »Das habe ich kommen sehen. Was machen wir jetzt?«

Ich konnte nichts reden, weil ich mit mir zu tun hatte.

»Heimfahren«, sagte Mathias. »Was denn sonst.«

Als wir aus dem Hochhaus raus waren, wurde mir wieder besser.

Auch Wuff benahm sich so, als sei er einer Gefahr entronnen. Er wedelte mit dem Schwanz und sprang um uns herum.

Ich drehte mich noch einmal um und schaute an dem Haus hoch. Überall die gleichen Fenster und Balkone. Sicher sahen uns die Richters nach. Hinter der Gardine, versteht sich.

Als wir in Leos Auto saßen, war mir wieder richtig

gut. Wir fuhren los. Ich war erleichtert, dass wir Wuff nicht hatten zurücklassen müssen.

»Die hätten wir schon gekriegt«, meinte Leo. »Wenn wir gewollt hätten. Aber ich für meinen Teil habe genug.«

In mir wuchs wieder mal eine Hoffnung. »Willst du den Wuff nicht nehmen, Leo?« Mein Herz klopfte wie ein Hammer.

»Ich könnte mir das schon vorstellen«, sagte Leo. »Aber ich muss im Januar zum Bund. Nichts zu machen, Kleiner.«

Das ist so eine Sache mit den Hoffnungen, wisst ihr. Die sind plötzlich da, ohne dass man sie ruft. Und wenn sie kaputtgehen, dann tut es weh. Bei Leo hätte ich Wuff ohne Bedenken gelassen.

»Machen wir eine Krisensitzung«, meinte Babsi. Sie hatte das schon einmal gesagt, an dem Abend, als ich mit Wuff nach Hause gekommen war.

»Und wie soll die aussehen?«, fragte Mathias. Er war seltsam einsilbig bei dieser Fahrt.

Leo hielt vor einer Gaststätte. »Ich brauche erst mal was in den Bauch«, sagte er. »Wenn ich mich ärgere, kriege ich Hunger.«

Komisch, dachte ich. Mein Vater sagt immer, Ärger schlage ihm auf den Magen. Aber das ist wohl unterschiedlich.

»Ich lade euch ein«, versprach Leo. »Aber ein Großverdiener bin ich nicht, denkt dran.«

Die Gaststätte war nur mäßig besetzt. Wuff setzte sich gleich artig neben meinen Stuhl. Der Kellner

nahm die Bestellung auf. Leo konnte sich über uns nicht beschweren. Wir wollten nur Pommes mit Majo.
»Also, was wird nun?«, fragte Leo.
Ich erzählte von Schwester Doras Vorschlag und dass meine Mutter versprochen hatte beim Fernsehen anzurufen. Aber ob das klappte, war sehr fraglich. Immer war kein Platz in der Sendung gewesen. Mein einziger Trost war, dass die Weihnachtsferien bald begannen und ich Wuff jeden Tag zwei Stunden holen durfte.
»Fahrt ihr nicht weg?«, fragte ich Babsi hoffnungsvoll.
Sie schüttelte den Kopf.
Bei Mathias brauchte ich es gar nicht zu versuchen. Ich wusste seit langem, dass seine Mutter Asthma hat. Und da sind Tierhaare in der Wohnung blankes Gift.
»Und wenn es nicht klappt beim Fernsehen?« Babsi war richtig verzweifelt. »Es gibt bei Frau Lorenz so viele Tiere, die ein Zuhause brauchen . . .« Sie heulte beinahe. Sicher fühlte sie sich schuldbewusst, weil alles anders gekommen wäre, wenn ihr Vater nicht – na, lassen wir das.
»Passt mal auf«, sagte Leo. »Ich habe da eine Idee.«
Leos Idee war gut. Wenn wir alle dazu bringen konnten, mitzumachen, dann musste es einfach klappen, in die Fernsehsendung reinzukommen.
Trotzdem war mir nicht ganz wohl bei der Geschichte. Eine echte Lösung war das nicht. Wer

konnte denn garantieren, dass jemand anrief, um Wuff zu holen? Und war dann auch sicher, dass er nicht wieder ein Balkonhund oder ein Ferienhund wurde? Oder gar ein Mr Spencer! Nein, mich beruhigte das alles noch gar nicht.

Babsi redete noch vor den Weihnachtsferien mit Frau Riekendahl. Die wusste ja sowieso Bescheid über die ganze Geschichte. In einer Schulstunde sprach sie mit der ganzen Klasse darüber. Es wurde beschlossen, einen Gemeinschaftsbrief an das Fernsehen zu schreiben. Vorher aber wollten wir zusammen das Tierheim besuchen.

Ob das Frau Lorenz recht war? Die Sache mit Wuff entglitt mir immer mehr. Mein Vater aber äußerte sich sehr befriedigt darüber, dass die Angelegenheit nun öffentlich werden sollte.

Meine Mutter setzte einen langen Brief an das Fernsehen auf und sie bat mich auch Schwester Dora und Thomas unterschreiben zu lassen. Es wurde ein sehr schöner Brief. Den konnte ich unbesorgt Schwester Dora und Thomas lesen lassen. Die beiden freuten sich, als ich mich wieder mal sehen ließ. Thomas machte in dieser Zeit gerade seine ersten Laufübungen. Es ging schon ganz gut. Ich war manchmal unten im Park mit Wuff vorbeigegangen und Schwester Dora hatte Thomas ans Fenster gebracht. Wuff war für ihn also kein fremder Hund mehr.

»Mach ich, ist doch klar!« Thomas unterschrieb sofort.

Schwester Dora bat mich zu ihr ins Schwesternzimmer zu kommen. Wollte sie etwa nicht unterschreiben?

»Erzähl mal«, sagte sie.

Das machte ich. Als ich damit fertig war, lächelte

sie, nahm den Kugelschreiber und setzte ihren Namen darunter.

»Jetzt glaube ich dir, dass du deinen Hund wirklich liebst«, sagte sie. »Du suchst einen Weg, damit er glücklich sein kann, auch wenn du auf ihn verzichten musst.«

Das Wort verzichten war in diesem Augenblick überflüssig, fand ich. Weil es wehtat. Und so nickte ich nur, ohne was zu sagen.

Als ich nach Hause kam, erwartete mich eine Überraschung.

Herr Manthey putzte wieder mal an seinem Auto herum. Er hatte die Kühlerhaube hochgestellt, sodass er sich beim Reden darunter verstecken konnte. »Ich weiß Bescheid«, sagte er. »Hat nichts gebracht, euer Besuch bei den Leuten.«

»War ja auch nicht zu erwarten«, sagte ich.

Herrn Manthey war es wohl gerade recht, dass nicht nur er allein ein Tierfeind war. Das Wort war plötzlich wieder da, ich konnte es nicht aus meinen Gedanken rauskriegen.

Herr Manthey richtete sich auf und ließ die Kühlerhaube zuschnappen. Er hatte einen roten Kopf. Vom Bücken, nahm ich an. Oder schämte er sich, weil er ein Tierfeind war?

Und wieder bekam ich so eine winzige Hoffnung. Vielleicht ...

»Ich werde euch auch helfen«, sagte Herr Manthey. »Ich werde beim Fernsehen anrufen und auf das Tierheim aufmerksam machen.«

»Denken Sie, dass das was bringt?«, fragte ich.
»Versuchen kann man es doch wenigstens«, sagte Herr Manthey. »Wir dürfen nicht gleich die Flinte ins Korn werfen.«
Ich traute meinen Ohren kaum. *Wir* hatte Herr Manthey gesagt.

In den Weihnachtsferien war ich jeden Tag mit Wuff zusammen. Frau Lorenz drückte beide Augen zu, wenn ich den Hund mal eine halbe Stunde später zurückbrachte. Wuff lebte richtig auf. Sein Fell glänzte wieder und er fraß mit Appetit.
»Wen nehmen wir denn nun mit, wenn das mit dem Fernsehen klappt?«, fragte mich Frau Lorenz.
Das war eine sehr schwierige Frage. Am liebsten hätte ich ja alle Tiere aus dem Heim vorgestellt. Aber Frau Lorenz machte mir klar, dass es nur ein paar sein könnten und außerdem nicht nur die Problemfälle.
Problemfälle, das sind Tiere, bei denen die Möglichkeit gleich null ist, dass ein Zuschauer anruft und das Tier haben möchte. Solche Hunde und Katzen gab es genug im Heim. Zum Beispiel eine Katze, die hinkte, weil sie nur drei Beine hatte. Sie war unter ein Auto gekommen. Oder der Spitz, den Babsi betreut hatte, das war auch ein Problemfall gewesen. Manche Tiere konnten auch nicht in Familien mit Kindern zusammenleben, andere wieder brauchten viel Trubel um sich herum. Das

waren auch oft die Gründe, warum die Leute die Hunde und Katzen zu Frau Lorenz brachten.

Babsi, Mathias und ich verbrachten viel Zeit damit, nach den Auskünften von Frau Lorenz einen Lebenslauf für jedes Tier anzufertigen. Thomas brachte dann alles in »lesbares Deutsch«, wie er sich ausdrückte, und Schwester Dora tippte mit der Schreibmaschine die Geschichten über die Tiere sorgfältig ab. Diese Berichte sollten fertig sein, wenn sich das Fernsehen meldete.

Aber es meldete sich nicht. Nur ein Brief war gekommen. Meine Mutter sagte, das wäre eine Eingangsbestätigung, wir müssten nun Geduld haben, bis die Sache bearbeitet würde.

Was die Erwachsenen so für Wörter haben: Eingangsbestätigung und Sache. Statt der Bestätigung hätten sie doch lieber gleich Bescheid geben können. Und Sachen waren für mich die Tiere von Frau Lorenz schon gar nicht.

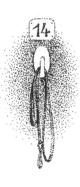

Die Weihnachtsferien waren um und es war immer noch nichts passiert. Nur die Zeit für Wuff wurde wieder sehr knapp. Manche aus unserer Klasse beteiligten sich jetzt am Ausführen der Tiere, denn Frau Lorenz bestand darauf, dass Wuff nicht allein bevorzugt wurde, aber das Wahre war es auch nicht.

Wenn ich zu Thomas ins Krankenhaus ging, der mir jetzt schon mit Stock entgegenkam, schaute er mich nur fragend an und ich schüttelte den Kopf. Noch nichts.

Mit Schwester Dora aber spannen wir Geschichten, wie es sein könnte: Die Fernsehfrau entscheidet sich für das Tierheim von Frau Lorenz. Und dann lädt das Fernsehen zur Sendung Gäste ein. Sie schicken einen Bus, damit unsere ganze Klasse mitfahren kann. Als Zuschauer. Und natürlich auch Thomas, Schwester Dora, Frau Riekendahl, meine Eltern und Mantheys.

Bei Herrn Manthey war ich mir nicht so sicher. Und ich bestand auch eine ganze Weile darauf, dass man Wuffs Geschichte in aller Ausführlichkeit mit Namen und Hausnummer vor der Kamera erzählte. Frau Lorenz sollte das übernehmen, und wenn die sich nicht traute, dann würde ich es tun, denn ich wollte unbedingt die Tiere mit vorstellen. Nicht dass ich scharf darauf war, vor die Kamera zu kommen. Nein, daran liegt mir gar nichts. Ich wollte nur Pannen vermeiden, dass etwa ein Hund oder eine Katze verwechselt und eine ganz andere

Geschichte dazu erzählt wurde. Davon hängt nämlich eine ganze Menge ab, finde ich.

Ich hatte mir inzwischen solche Sendungen angeschaut. Frau Lorenz fragte ich immer wieder ab, ob sie auch die richtigen Namen und Geschichten wusste. Die lachte mich nur aus, ließ sich aber doch von mir Prüfungsfragen stellen. Ich ließ da nicht den kleinsten Fehler durchgehen.

Aber der Bescheid kam immer noch nicht.

Inzwischen war es Mitte Januar geworden. Meine Mutter rief beim Fernsehen an, aber dort war nichts rauszukriegen, weil die Verantwortlichen – ja so sagten sie – Urlaub machten.

Jetzt schaltete sich auch Herr Manthey wieder ein. Er rief noch einmal an. Richtig ärgerlich war er, dass sie auch ihm keinen ordentlichen Bescheid gaben, sondern ihn nur vertrösteten.

Endlich – es war schon Ende Januar geworden und es hatte mächtig geschneit – kam ein Brief. Meine Mutter hatte ihn auf die Kleiderablage im Korridor gelegt, sodass ich ihn sehen musste, wenn ich von der Schule nach Hause kam. »... werden wir uns in den nächsten Tagen zwecks Terminabsprache mit Ihnen in Verbindung setzen!«

Na endlich! Mir fiel ein Stein vom Herzen. An dem Brief störte mich auch die umständliche Ausdrucksweise nicht.

Ich lief an diesem Nachmittag von einem zum anderen und Wuff lief mit: erst zu Frau Lorenz, dann zu Schwester Dora und Thomas, zu Mathias

sowieso. Der machte Telefondienst und rief rundum alle aus unserer Klasse an.
Auch Herrn Manthey sagte ich persönlich Bescheid, obwohl er es auch von Babsi erfahren würde. Ich wartete auf ihn, weil ich ja wusste, wann er von der Arbeit nach Hause kam.
»Es hat geklappt«, sagte ich zu ihm. »Sie rufen an, wenn es so weit ist. Und wenn Sie wollen, können Sie gern mitkommen.«
Herr Manthey freute sich, dass es geklappt hatte. Zur Sendung wollte er aber nicht mitkommen. »Ich schaue mir das von zu Hause aus an. Vor dem Fernseher.«
Ich konnte ihn ja verstehen. Und ich hatte nun auch nicht mehr so einen Groll auf ihn. »Na ja«, sagte ich. »Vielleicht werden's auch zu viele Zuschauer im Studio.«
Ich hatte nämlich unterdessen bei Thomas Unterricht in Sachen Fernsehen genommen und wusste viele Fachausdrücke, die mit der Aufnahme von Fernsehsendungen zu tun hatten. Schwester Dora wusste genauso viel, denn sie wurde auch von Thomas unterrichtet.
Plötzlich kriegte ich es mit der Angst zu tun und da war auch mein Durchfall wieder da. »Wenn sich nun für Wuff keiner meldet«, sagte ich zu Frau Lorenz. »Was machen wir da?«
Frau Lorenz tröstete mich. »Der Wuff ist doch ein schönes Tier. Den wird schon jemand haben wollen.«

Jemand! Davor hatte ich eben Angst. Mir war es nicht gleichgültig, wem mein Wuff zukünftig gehören sollte.

»Wir prüfen doch genau die Bedingungen, bevor wir ein Tier abgeben«, beruhigte mich Frau Lorenz. »Und ich verspreche dir, dass du die Leute vorher kennen lernen wirst. Abgemacht?«

Na ja. Hundertprozentig überzeugt war ich noch nicht davon. Aber auf meine Ängste nahm ja gar keiner Rücksicht.

In unserer Klasse war nämlich das Fernsehfieber ausgebrochen. Alle sahen sich schon als Publikum vor der Kamera sitzen. Sie hatten bei einer dieser Sendungen sogar mitgezählt, wie oft die Kamera ins Publikum geschwenkt hatte.

Endlich war es so weit. Die Fernsehfrau wollte sich am Nachmittag das Tierheim von Frau Lorenz anschauen. Sie wollte auch einen Reporter mitbringen. »Einen mit Kamera?«, hatte ich am Telefon gefragt, als die Fernsehfrau mit meiner Mutter telefonierte und auch mit mir sprach, damit ich ins Tierheim komme und ihr etwas über die Hunde und Katzen dort erzähle. Ich hatte Kribbeln im Bauch, ließ es mir aber nicht anmerken. Besonders nicht in den Pausen während des Unterrichts, wo mir alle Ratschläge erteilten, wie ich mich verhalten sollte.

Aus Reportern mache ich mir nichts. Schon gar nicht, wenn sie vom Fernsehen kommen und nicht mal eine Kamera dabeihaben. Die Frau vom Fernsehen meinte aber, es sei wichtig, dass ich ihr alles von Anfang an erzähle, damit sie mir und Wuff helfen könne.

Mir braucht keiner zu helfen. Ich komme ganz prima allein zurecht. Aber Wuff, der braucht dringend Hilfe. Der muss endlich raus aus dem Tierheim, sonst wird er noch trübsinnig. Ich besuche ihn zwar jeden Tag, aber die Stunde, die mir Mama erlaubt, ist viel zu schnell um. Auch Mathias geht mit ihm spazieren, wenn ich mal überhaupt keine Zeit habe. Aber das Wahre ist das nicht. Wuff schaut mich jedes Mal an, wenn ich die Käfigtür zumache, als ob's ein Abschied für immer wäre.

Frau Lorenz ist ja ganz prima. Aber es sind einfach zu viele Tiere, die da dauernd bei ihr abgegeben werden. »Wir platzen aus allen Nähten«, stöhnt sie jeden Tag.

Ich kann das schon gar nicht mehr hören, weil ich ihr auch nicht helfen kann. Ich darf ja nicht einmal Wuff behalten.

Wenn ich Wuff nicht ins Tierheim gebracht hätte, wäre vielleicht wer weiß was passiert. War sowieso schon allerhand los.

Jetzt ist Wuff schon über ein halbes Jahr im Tierheim. Er verweigert das Fressen. Nur von mir nimmt er noch was an. Ich bin schon total verzweifelt, weil ich keinen Ausweg weiß.

Ich bin froh, dass meine Mutter sich so um die Sache mit dem Fernsehen gekümmert hat und dass jetzt auch die anderen alle mithelfen. Wer weiß, ob die Fernsehleute sich sonst dafür entschieden hätten, etwas über das Tierheim von Frau Lorenz zu senden, wenn nicht so viele den Brief unterschrieben hätten.

Die Fernsehfrau kenne ich schon, aber nur vom Bildschirm her. Die versteht etwas von Hunden, das sieht man daran, wie sie mit ihnen umgeht. Sie erzählt auch immer die Geschichten dazu. Wer die Besitzer waren und warum sie die Tiere nicht mehr behalten konnten oder wollten.

Diesmal sollen wir, einige Kinder aus unserer Klasse, diese Geschichten erzählen. Deshalb das Fernsehfieber und die Streitereien darum, wer mitmachen darf. Bei mir gibt es keinen Streit. Wenn ich meinem Wuff ein neues Zuhause verschaffen will, muss ich seine Geschichte erzählen. Das ist doch klar.

Pünktlich war ich im Tierheim. Die Fernsehleute waren nicht so pünktlich. »Stau auf der Autobahn«, sagte der Fahrer. Na ja, wenigstens hatten sie Wort gehalten und waren gekommen.

Sie gingen an den Käfigen vorbei und Frau Lorenz erklärte der Fernsehfrau ihre Probleme. »Und das ist Wuff«, sagte sie, als wir an seinen Käfig kamen.

»Darüber erzählt mir der Jan etwas«, sagte die Fernsehfrau und schob mich zu Wuffs Käfig. Ich hatte plötzlich Angst, sie würde auch so schnell vorbeigehen wie bei den anderen Hunden. Deshalb machte ich ganz schnell die Käfigtür auf und lockte Wuff. Der kam auch, ohne zu zögern, und

sprang freudig an mir hoch. Der Kloß in meiner Kehle rutschte nach dem ersten Satz einfach runter. Und ich hatte auch nicht mehr das Kribbeln im Bauch. Sie ließen mich ausreden und hörten einfach zu.
»Gut, Jan!«, sagte die Fernsehfrau. »Und das erzählst du auch den Zuschauern in der Sendung.«
»Sie nehmen das Tierheim?«, fragte ich aufgeregt.
»Wenn du mir hilfst die Tiere vorzustellen.«
Ich nickte, weil ich nun keinen Ton mehr herausbekam. Das war die Freude, denke ich.
»Und deine ganze Klasse kann im Studio bei der Sendung dabei sein. Wir laden euch alle ein und holen euch mit einem Bus ab.«

Natürlich erhielten wir für diesen besonderen Tag schulfrei. Frau Riekendahl hatte das beim Direktor durchgesetzt. War nicht schwer, schätze ich, denn als er die Geschichte gehört hatte, sagte er: »Da muss ich aber wenigstens am Fernseher dabei sein. Mein Kegelabend fällt an dem Tag aus.«
Außer mir sollten noch zwei aus der Klasse die Tiere vorstellen. Babsi wollte nicht. »Wenn so viele Leute zuschauen, kriege ich keinen Ton heraus.«
Wir durften schon drei Stunden vor der Sendung da sein. Ein junger Mann vom Fernsehen zeigte uns alles und erklärte, was wir wissen wollten. Wir wollten viel wissen. Ich durfte sogar mal durch die Kamera schauen, als alle Zuschauer schon auf ihren Plätzen saßen. Aber ich war ziemlich aufge-

regt, weil ich befürchtete, Wuff könnte sich vor den Scheinwerfern und den vielen Leuten ängstigen und keinen guten Eindruck machen.

Dann ging es los. Die Hunde kamen zuerst dran. Ich sollte Wuff als dritten Hund hinausführen. Frau Lorenz stand bei der Fernsehfrau und sprach darüber, wie verantwortungslos es sei, sich Tiere zu wünschen und sie dann loswerden wollen, weil sie viel Arbeit machen, Geld kosten und auch nicht so klein bleiben wie unter dem Weihnachtsbaum oder auf dem Geburtstagstisch.

Ich beruhigte Wuff immer wieder, wenn er sich ängstlich an meine Beine drückte. Dann mussten wir vor die Kamera.

Komisch, ich war plötzlich ganz ruhig. Es ging ja um Wuff, dem ich helfen wollte. Wie lange ich die Geschichte von Wuff erzählt habe, weiß ich nicht. Aber ich hatte mir vorher alles zurechtgelegt und sogar auf die Uhr geschaut. Mehr als vier Minuten durfte das alles nicht dauern, sonst wären andere Tiere bei der Vorstellung zu kurz gekommen. Und in dieser Sendung ging es ja nicht nur um Wuff.

Der saß ruhig bei Fuß und schien zuzuhören, was ich dem Publikum sagte. Als ich fertig war, klatschten die Kinder aus meiner Klasse. Das war ein tolles Gefühl.

Auf der Heimfahrt waren wir alle guter Laune. »Hoffentlich nützt es dem Tierheim«, meinte Frau Riekendahl.

Ja, das wünschte ich mir auch. Was Wuff betraf,

hatte ich aber trotzdem meine Bedenken. Ob jemand im Tierheim anrufen würde, um sich Wuff zu holen? Und wenn ja: Waren es die richtigen Leute für meinen Hund?
Frau Lorenz schien meine Unruhe zu bemerken. »Wenn jemand wegen Wuff anruft, dann sage ich dir Bescheid, damit du die neuen Besitzer auch kennen lernen kannst.« Ich nickte nur. Aber damit war das Problem nicht ein bisschen kleiner geworden.

Am nächsten Tag war natürlich die Fernsehsendung in unserer Schule Hauptgespräch. Frau Riekendahl meinte, ich hätte das mit Wuffs Vorstellung sehr gut gemacht. Gleich nach der Schule rannte ich ins Tierheim. Aber Frau Lorenz hatte noch keinen Anruf wegen Wuff bekommen. Meine Mutter erlaubte mir für die nächsten Tage zwei Stunden Auslauf mit Wuff. »Vielleicht wird er ja bald in andere Hände kommen«, meinte sie.
Am vierten Tag nach der Fernsehsendung sagte Frau Lorenz: »Heute kannst du nicht mit Wuff spazieren gehen. Da hat sich ein Ehepaar gemeldet. Die haben Interesse an Wuff.«
Mir wurde sofort wieder ganz schlecht. Ich spürte, wie es in meinem Bauch rumorte. Sicher musste ich bald wieder aufs Klo.
»Wann kommen die Leute?«, quetschte ich hervor.
»In einer halben Stunde.«
»Darf ich dabei sein?«

»Ja. Es wäre ganz gut«, meinte Frau Lorenz. Sie lächelte dabei ein bisschen. Sicher wollte sie mir Mut machen, damit ich die Trennung von Wuff besser überstehe.

Die Leute waren sogar pünktlich. Sie gingen erst mit Frau Lorenz ins Büro. Als sie wieder herauskamen, nahm Frau Lorenz die Hundeleine vom Haken. Mir gab es einen richtigen Stich ins Herz, weil ich das sonst immer gemacht hatte. »Du bist der Junge, der sich immer so gut um Wuff gekümmert hat?«, fragte der Mann.

»Ja. Ich habe ihn auf dem Parkplatz gefunden . . .«

Die Leute waren schätzungsweise so um die vierzig Jahre alt. Als wir zu den Käfigen gingen, war die Frau neben mir. »Uns gefiel der Hund«, sagte sie zu mir. »Aber wir wollten ganz sicher sein, dass wir ihm ein gutes Zuhause geben können. Deshalb haben wir uns mit der Entscheidung Zeit gelassen.«

»Ich bin viel mit ihm draußen gewesen«, sagte ich. »Er ist das so gewohnt.«

»Wir haben einen großen Garten«, erzählte die Frau. »Und mein Mann wird ihn bestimmt jeden Tag zum Joggen mitnehmen.«

Als wir zu Wuffs Käfig kamen, hatte Frau Lorenz schon den Riegel beiseite geschoben. Der Mann hockte vor dem Käfig und lockte Wuff. Aber der kam erst aus seiner Ecke, als er mich erblickte. Wie der Blitz rannte er an dem Mann vorbei und sprang an mir hoch. Ich hatte Mühe ihn zu beruhigen.

Frau Lorenz schaute die Leute fragend an. »Was meinen Sie, Herr Kilian? Und Sie, Frau Kilian?«
»Temperament hat er ja«, sagte Herr Kilian.
Die Frau streichelte Wuff das Fell. »Ja, wir werden sicher gut miteinander auskommen. Wir nehmen den Wuff mit, Frau Lorenz. Das heißt, wenn der Junge es erlaubt...«
Was gab's da schon zu erlauben! Wuff musste mit den Kilians gehen. Ich hätte am liebsten geheult. Aber das tat ich mir vor den Leuten nicht an. Ich fuhr dem Wuff mit beiden Händen noch mal über das Fell, so wie er es immer gern gehabt hatte.
Herr Kilian nahm die Hundeleine. »Hättest du nicht Zeit, Jan, uns ab und zu mal zu besuchen? Du hast ihm bestimmt schon vieles beigebracht. Wir möchten da nichts falsch machen.«
Ich sah, wie Frau Lorenz mir zuzwinkerte. »Oh ja«, sagte ich. »Aber wie weit ist es denn zu Ihnen? Ich werde mein ganzes Taschengeld für Fahrkarten sparen.« Ich durfte Wuff wieder sehen. Nur das zählte im Augenblick.
»Hast du ein Fahrrad?«, fragte Herr Kilian.
»Klar habe ich eins. Wuff kann prima neben dem Rad herrennen. Er rennt schneller, als ich fahren kann.«
Mir klopfte das Herz bis zum Hals. Ich ahnte schon, dass jetzt etwas Schönes kommen würde. Wie zu Weihnachten war mir zu Mute oder wie am Geburtstag.
»Wir wohnen in der Schmiedbergsiedlung«, sagte

Frau Kilian. »Und du kannst deinen Wuff besuchen, sooft du willst.«
Frau Kilian hatte »*deinen* Wuff« gesagt. Ich schluckte den Kloß in meinem Hals hinunter. Jetzt kriegte ich tatsächlich ein paar Tränen in die Augen. Ich konnte sie aber wegwischen, bevor jemand etwas bemerkte. »Prima«, sagte ich. Und dann: »Vielen Dank. Ich werde aber oft kommen. Stört Sie das dann nicht?«
»Wir werden uns immer freuen, wenn du kommst, Jan.«
Also war es kein Abschied für immer. Nur ein bisschen weiter war es als bis zum Tierheim. Aber wozu hatte ich denn mein Fahrrad!

Bei Kilians fühlt sich Wuff sehr wohl. Ich bin nicht mal eifersüchtig auf die Leute. Wenn ich am Gartentor stehe, kommt Wuff mir sofort entgegengelaufen. Frau Kilian hat ihm sogar beigebracht die Klinke herunterzudrücken, damit ich hereinkann. Ich bin mir nun ganz sicher: Mein Wuff wird nie mehr mutterseelenallein auf einem Parkplatz sitzen. Kilians lieben ihn bestimmt genauso wie ich.

Isolde Heyne

Tanea – Tochter der Wölfin

Das Mädchen Tanea muss sich auf die Suche
nach ihrem Ziehvater Ezuk machen, der von
der Jagd nicht zurückgekehrt ist. Sie findet ihn
schwer verletzt – ein Bär hat ihn angefallen. Dank
Taneas Pflege wird Ezuk gesund, aber ein Bein
bleibt lahm und er wird nie wieder jagen können.
Wie sollen die beiden ohne fremde Hilfe
den langen, harten Winter überstehen?
Der faszinierende Roman über ein starkes
Mädchen in der Steinzeit.

Arena-Taschenbuch Band 1875.
192 Seiten. Ab 12

Isolde Heyne

Tanea – Am Großen Fluss

Tanea, Tochter der Wölfin, will nicht beim Bärenclan am Großen Fluss leben. Doch ihr Plegevater Ezuk will sie in die Obhut seiner Mutter, der Heilerin des Clans, bringen. Die Menschen vom Fluss begegnen Tanea mit großer Zurückhaltung – bis auf Henek, den Sohn von Ezuks Feind. Aber wird die Liebe zwischen Tanea und Henek eine Zukunft haben? Ein fesselnder Roman über eine selbstbewusste junge Frau in der Steinzeit.

Arena-Taschenbuch Band 1876.
208 Seiten. Ab 12

Isolde Heyne

...und keiner hat mich gefragt
Die DDR vor dem 9.11.1989. Inka lebt in einem
Kinderheim. Warum sie keine Adoptiveltern findet,
wird ihr klar, als sie erfährt, dass ihre Mutter eine
»Republikflüchtige« ist...
Arena-Taschenbuch-Band 1511. 152 Seiten

Treffpunkt Weltzeituhr
Erzählt werden Inkas erste Jahre in der Bundes-
republik und ihr schwieriger Weg in die Integration.
Ausgezeichnet mit dem
Deutschen Jugendliteraturpreis.
Arena-Taschenbuch-Band 1672. 160 Seiten

Ab 12

REITERHOF BIRKENHAIN

Margot Berger
Aufregung im Stall
Band 1

Wiedereröffnung des Reiterhofs! Nach dem Umbau soll er am 1. Mai den Besuchern vorgestellt werden. Ganz früh sind die Pferde-Fans Conny, Luisa und Jule im Stall, um alles vorzubereiten – Pferde füttern, putzen und einflechten für die Darbietungen.

Schon bei den Reitvorführungen mit den Schulpferden gibt es einige Überraschungen, als etwa die Mädchen der Konkurrenzclique, die ihre Privatpferde auch im Stall stehen haben, die Schulpferde zum Scheuen bringen.

Die große Überraschung wartet aber noch auf Conny und ihre Freundinnen: Zwei neue Fjordpferde, Ole und Kalle, kommen als Schulpferde in den Stall. Reitlehrer Jensen erkennt bereits beim Ausladen, welch eigensinniger Bursche Kalle ist, und das beweist das kleine Pferd an diesem Tag noch zur Genüge!

144 Seiten. Taschenbuch-Band 1970. Ab 10

Arena

REITERHOF BIRKENHAIN

Margot Berger
Großer Auftritt für Sally
Band 2

Auf dem Reiterhof soll ein Werbespot mit den Schulpferden gedreht werden. Das bringt Geld und macht den Reiterhof bekannt.

Bei den Aufnahmen passiert ständig etwas Neues mit den Pferden! Vor allem Kalle, das wilde Fjordpferd, bringt alles durcheinander. Dann beginnt der Traber Rocky schrecklich zu lahmen und Conny befürchtet, dass ein Bein gebrochen ist. Doch der Tierarzt stellt »nur« eine Blutvergiftung fest. Und schließlich hat der Hauptdarsteller auch noch Angst, mit der Holsteiner Stute Sally zu springen. Für Jule ist das kein Problem!

Sie macht es so gut, dass sie die Rolle sogar übernehmen darf. Und dann folgt Sallys großer Auftritt!

144 Seiten. Taschenbuch-Band 1971. Ab 10

Arena